불평사회 작별기

불평사회 작별기

지은이 : 남정욱

1판 1쇄 발행일 : 2014. 8. 25
1판 2쇄 발행일 : 2014. 12. 15

펴낸이 : 원형준
펴낸곳 : 루비박스
기획 · 편집 : 허문선 · 신동화
마케팅 : 홍수아
등록 : 2002. 3. 28(22-2136)
주소 : (137-860) 서울시 서초구 서초 2동 1338-21 코리아 비즈니스센터 1101
전화 : 02-6677-9593(마케팅) 02-6447-9593(편집부)
팩스 : 02-6677-9594
이메일 : rubybox@rubybox.co.kr
블로그 : www.rubybox.kr 또는 '루비박스'
트위터 : @rubybox_books
페이스북 : www.facebook.com/rubyboxbooks

【일러두기】
이 책에 수록된 글은 2012년부터 2014년까지 〈조선일보〉에 연재한 '명랑笑說' 칼럼을 비롯하여,
각종 매체에 실린 글, 새로이 쓴 글 등을 모아 수정 · 보완한 것입니다.

불평사회 작별기

보수계의 순정마초
남정욱의 명랑笑說

불평의 시간들과 작별하며 · 8

인생애찬

소통 강박 · 12

청춘애찬 · 16

우등생 인생들아, 모르면 말을 말어 · 20

불평을 조장하는 사회 · 23

사랑과 독서의 운명론 · 26

돌에 대하여 · 29

수능시험을 망친 당신에게 · 33

영어 · 36

운을 부르는 두 가지 · 39

창의력을 기르세요 · 42

꼰대와 멘토 · 45

깡패 영화 · 48

불혹의 현실 · 51

남자의 눈물 · 54

이상한 조류의 나라 · 57

점심을 굶어 보라 · 60

나이키 운동화 · 63

직장의 신 · 66

지루한 놈 · 69

속도와의 싸움 · 72

② 아이들은 괴롭다

재능과 재주, 혼동하지 말지어다 • 76

공교육 살리는 해법, 교사들을 교실로 • 79

수업의 비극 • 82

꾸중과 체벌 없이 자란 아이 • 85

죄와 벌 • 88

학교, 정글을 넘어 지옥으로 • 91

공부의 본질은 복습 • 94

중고생 시국선언이라니요 • 97

진퇴양난 • 100

'안 돼'라고 말해야 하는 이유 • 103

4년이라는 시간 • 106

역사 교과서 논쟁 • 110

입시철 글짓기 • 113

한자 교육 • 116

우리말 파괴라고? • 119

어른 없는 사회

강남 좌파 • 124

착한 자본주의? • 127

나는 마신다, 고로 나는 존재한다 • 130

왜 '성균관대' 일색이지? • 133

하차는 아니되오 • 137

문화 권력 • 140

올해는 안 보고 싶은 것들 • 145

앨리스도 없는 이상한 나라, 북한 이야기 1 • 148

앨리스도 없는 이상한 나라, 북한 이야기 2 • 152

그 누구에게도 없는 타격장비 • 155

퍼포먼스 • 158

나도 복지가 좋다 • 161

행정이란 무엇일까 • 167

닥치고 일자리나 만들라니 • 172

김정은의 성실한 도발 • 175

6 · 25는 한국전쟁, 임진왜란은 한일전쟁? • 178

명랑한 세상사

논개 • 182

비틀스를 흥얼거린다 • 185

원수 아닌 마땅히 사랑해야 할 것들이라도 • 188

문학, 가공할 만한 가공의 스킬 • 191

미식가적 독서법, 적독 • 194

그때의 재치는 어디로 갔나요 • 198

초월동 • 201

잘가요! 로빈, 고마웠어요 • 204

어바웃 타임 • 207

구형 피처폰을 쓴다 • 210

그냥의 미학 • 213

아인슈타인이 있어 행복한 사람들 • 216

이야기의 힘 • 219

인간, 너나 잘하세요 • 222

두 번 죽은 명성황후? • 225

조선 코끼리의 운명 • 228

영화 등급 판정 • 232

글쓰기의 최상은 잘 베끼는 것 • 235

고맙습니다, 사숙 선생님들 • 238

인생, 꼬임과 반전의 연속 • 241

불평의 시간들과 작별하며

술꾼이 어린 왕자에게 물었다. "넌 왜 그렇게 우울한 표정을 짓고 있니?" 어린 왕자가 대답했다. "세상이 너무 슬퍼서요." 술꾼은 혼잣말처럼 중얼 거렸다. "너도 나처럼 술꾼이 되겠구나." 세상에 불만이 많았다. 뭘 봐도 마음에 안 들고 무슨 소리를 들어도 다 우롱하는 사기로만 들렸다. 불평을 입에 달고 살았다. 20대 초반부터 30대 중반까지 그렇게 나의 인생은 세상에 대한 불평의 총력전이었다. 도대체 이 빌어먹을 세상은 왜 안 망하는 거지? 지금 생각해보면 내가 안 망한 게 그나마 다행이었다. 불만이란 무엇인가. 그것은 내가 생각하는 내 존재와 세상이 보는 내 존재 사이의 격차이며 내가 바라는 막연하고 추상적인 세상과 실제로 돌아가는 냉정한 세상 사이의 간극이다. 충족되지 않은 불만은 결국 자기 연민으로 돌아오고 그때부터는 나 상처 받았네 어쩌고 하면서 술병을 때려눕히다가 기어이 내가 드러눕는 상황으로 종료되는 것이 정해진 코스였다. 나는 몰랐다. 인간에 대해, 세상에 대해 그리고 이 세상이 돌아가는 시스템에 대해. 그래서 어쩌면 지금 내가 쓰고 있는 글들은 당시의 내 한심한 심정과 욕구에 대한 반성문들이다.

'세상 속으로 들어가는 스무 살 청년의 경우에는 이성이 자극을 받으면 그와 동시에 자존심도 자극을 받는다. 그가 들어가려는 사회가 어떤 사회든 그 사회는 순수 이성에는 한심하게 비친다. 왜냐하면 그 사회가 현명한 입법자에 의해 어떤 원칙에 의해 구축된 것이 아니라 수없이 이어지는 세대들이 각자의 다양한 필요에 의해 정리한 것이기 때문이다. 그 사회는 논리의 작품이 아니라 역사의 작품이다. 그렇기 때문에 꽤 순

수한 이성을 가진 젊은이는 이 낡은 모습의 건물에 못마땅한 표정을 짓는다.'

귀스타브 르 봉의《혁명의 심리학》에 나오는 한 구절이다. 이런 글을 조금만 더 빨리 접하고 더 깊이 성찰하였다면 나는 그 불평의 시간에서 나를 구출하여 훨씬 건설적인 나를 만들어냈을 것이다. 아쉽지만 어쩌겠는가. 세월이 그렇고 세태가 그랬던 것을. 충격적인 것은 아직도 그런 불평을 조장하는 말과 글을 세상에 쏟아내고 있는 사람들이 있다는 사실이다. 그리고 자신들의 심정을 대변해준다고 착각하는 순진한 청춘들의 모습 역시 놀랍다. 불만은 과잉이고 성찰은 결핍인 세상에 한마디 하고 싶었다. 내가 그렇지 못했기에, 그리고 다음 세대는 그렇게 살지 말아야 하기 때문에. 혹시 글의 일부가 교만하게 비춰졌다면 그런 목적의식이 과도했기 때문일 것이다. 그 점 양해 부탁드린다. 그러니까 의도는 순수했다는 그런 말씀이다.

신문 연재 글과 이곳저곳에 썼던 글들을 모았다. 세상에 선보이지 않은 글도 꽤 있다(나는 양심은 있는 인간이다). 어수선한 게 당연한데 그걸 범주화시켜 챕터별로 배정한 출판사의 능력이 정말 놀랍다. 고마운 분들이 너무 많다. 특히 2011년부터 2014년 사이에 새로 만난 분들이 특히 그렇다. 이름은 생략한다. 길고 많다. 감사를 말로 끝내는 건 야만인들이나 하는 짓이다. 따로, 일일이, 끝까지 찾아다니며 갚을 것이다. 그러고 보니 세상은 나에게 참 잘해주었다. 내가 세상에 잘할 차례다. 비록 마음에는 안 들더라도. 나에게 내 인생이 그런 것처럼.

2014. 8. 엽서 끝에 한 방울 비를 기다리며, 남정욱

인생 애찬

청춘에 대한 환상을 깨라.
나도 사방팔방 다니며 부지런히 깨줄 테니 여러분도 스스로의 몫을 깨라.
청춘은 애초부터 고단한 시기다.

아버지인데 아버지라 부르지 말라니요. 따져 묻는 길동에서 홍판서는
냅다 펀치를 날린다. 이 자식 아버지라 부르지 말랬지. 퍽퍽퍽 스트레
이트가 꽂힌 끝에 길동은 바닥에 나뒹군다. 그때 길동의 입에서 나온
한마디. 아, 아파. 그 말에 홍판서의 분노 게이지가 급상승한다. 이 새
끼가 이제 퇴행해서 아예 아빠라고 부르네. 홍판서는 헤아리지 못한
다. 길동이가 얼마나 자기를 아비라 부르고 싶어 하는지를. 길동이는
이해하지 못한다. 적손으로 커서 차별이란 걸 겪어보지 못한 홍판서
가 아비 호칭을 한 번 들어주는 일에 왜 그리 예민한지. 둘 다 목소리
만 높인다. 해서 소통의 반대말은 불통이 아니라 '주장'이다. 상황을
바꿔보자.

　홍판서, 길동의 말에 묵묵부답 먼 산만 본다. 그러나 속으로는 적
서에 구분은 있으나 차별이 없는 세상의 청사진을 구상 중이다. 될까,
먹힐까, 돌파할 수 있을까. 홍판서가 보는 것은 자식 하나가 아니라
수많은 길동이들이다. 홍판서가 멋지게 변한 건 맞는데 길동이가 실

제 덕 본 건 없다. 이 상황은 어떤가.

네 마음을 모르는 것은 아니나 경국대전에 적혀있는 바가 적서의 구분이니 도리가 없구나. 그러니 부르고 싶을 때는 몰래, 아~주 작게 부르거라. 아, 부르면서 울어도 된다. 길동은 감동 만발이다. 흑흑 속뜻을 알았으니 이제 부르지 못해도 여한이 없습니다. 호부불가 여전하지만 말에 당의정을 입혔더니 훨씬 우호적으로 변했다. 이런 걸 이해라고 한다. 진심이냐 위선이냐의 판정만 남았다. 진심이 아니라면 이런 후기가 가능하겠다. 길동이 물러간 후 홍판서는 중얼거린다. 종년의 자식이 감히 나를 아비로 부르겠다니 참으로 간악한 놈이로다. 허나 농사지을 손이 부족하니 달래가며 붙들어 둘밖에.

소통하라는 소리 지겹게 들린다. 이래도 소통 저래도 소통, 소만 봐도 경기를 일으킨다는 분도 계신다. 대한민국은 소통에 미친 것 같다. 거의 소통 강박 사회다. 포스코의 '아는 만큼 가까워집니다'라는 광고에는 신입사원에게 셔플댄스를 배우는 40대 김부장이 등장한다. 몰래 훔쳐보고 책상 밑에서 다리를 달달 떨어가며 스텝을 복기하는 김부장의 모습에서 소생은 생존을 위한 중년의 처절한 몸부림을 본다. 40대가 셔플댄스를 배우는 사회가 정상적인 사회인가. 40대는 인체 공학상 스포츠댄스를 배울 나이다. 광고 카피를 들여다보면 더 가관이다. '김부장님, 젊은 후배와 친해지고 싶지 않으세요? 내일 출근하면 신입사원에게 셔플댄스의 스텝을 물어보세요.' 이게 소통인가. 무슨 놈의 소통이 이토록 일방적이고 협박이며 강압의 틀을 썼는가. 이 광고가 정상적인 사고를 가진 사람에 의해 만들어졌다면 셔플 김부장에 이어

2편이 반드시 나와야 한다. 신입사원 김초보 씨, 부장님과 친해지고 싶으세요? 그럼 비틀즈를 들으세요. 딥 퍼플을 들으세요. 비지스를 들으세요.

며칠 전 문학 특기자 면접을 봤다. 어떤 작가가 되고 싶으냐는 질문에 마치 짜기라도 한 것처럼 응답자 전원이 독자와 소통하는 작가가 되고 싶단다. 갑자기 머리가 지끈지끈 아프다. 문학이 무슨 수화도 아니고 왜 소통에만 집착을 하는 것일까. 독자의 처지를 꿰뚫으면 그것으로 훌륭한 문학일까. 60년대 중반 미국에서 공부하고 온 하길종이라는 감독이 있었다. 그 시기 미국은 아메리칸 뉴 시네마라는 트렌드가 기승을 부리던 시대였다. 짧게 설명하면 백인 중산층 이데올로기에 환멸을 느낀 베이비부머 세대의 입맛에 맞춰 문화가 재편되던 시기다. 더스틴 호프만 주연의 막장 영화 〈졸업〉과 〈보니 앤 클라이드〉가 대표작인 이 시기를 몸으로 겪고 귀국한 하길종은 리얼리즘 정서에 기반해서 국내 영화계에 돌풍을 일으킨다. 흥행 말고 평단에서. 막상 극장에 걸린 그의 영화들은 별 재미를 못 봤다. 관객들은 투덜거렸다. 무슨 영화가 이래, 우리 사는 모습이랑 똑같잖아. 관객들은 고단한 일상에서 두 시간짜리 판타지를 기대하고 있었던 것이다. 그 결과 '너무 일찍 온 홍상수'였던 하길종의 국내 활약은 변변치 않게 끝났다. 그러나 그의 작품들은 후대에도 기억되어 영화사적으로 중요한 의미를 가진다. 하길종은 관객과는 소통하지 못했지만 예술과 소통했다. 우르르 몰려가는 동네 축구식의 대한민국 정서가 가끔은 끔찍하다.

청춘예찬

예전 고등학교 교과서에 '청춘예찬'이라는 제목의 글이 실려 있었다. 청춘! 이는 듣기만 하여도 가슴이 설레는 말이다, 로 시작해서 심장이 물방아 같다느니 거선의 기관 같다느니 빛나고 귀중한 이상이 청춘의 특권이라느니 떠들다가 청춘은 인생의 황금시대며 우리는 이 황금시대의 가치를 충분히 발휘하기 위하여, 이 황금시대를 영원히 붙잡아 두기 위하여, 힘차게 노래하며 힘차게 약동하자! …로 끝난다. 글 쓴 분께는 참으로 죄송한 말씀이지만 한마디로, 개소리다.

물론 고등학교 때에는 정말 그런 줄 알았다. 입시 및 가계 빈곤 자존심 손상 등등 쌓이는 게 많아서 스무 살이 되면, 대학생이 되면, 청춘이 되면 고생 끝! 갑자기 낙원이 열릴 줄 알았다. 아니었다. 낙원은 차라리 고등학생 신분일 때였다. 먹고사는 일을 스스로 걱정해야 하는 처지가 되자 막연한 두려움이 구체적인 공포로 바뀌었다.

대학을 졸업할 무렵, 지금처럼 화사했던 봄날에 안양역사 앞 벤치에서 눈을 떴다. 빗방울이 얼굴을 때렸다. 전날 근처에서 술을 마시고 차비가 없어 노숙을 한 그 새벽에 측정불가의 공포가 밀려왔다. 나는,

울었다. 무서워서 울었다. 하나도 부끄럽지 않았고 추위 말고 다른 이유로 몸까지 떨었다. 내가 과연 이 세상에서 사람 구실하면서 살아갈 수 있을까. 나를 받아줄 곳이 어딘가에는 있을까.

친한 선배에게 혹시 가능하다면 젊었던 시절로 돌아가고 싶으냐고 물었다. 이 자식이 미쳤나 하는 표정으로 보더니 니나 돌아가라, 한다. 돌아가기는커녕 돌아보기도 싫단다. 소생도 같다. 돈이 없었고 갈 곳도 없었고 부러운 건 많았고 여자는 떠났다. 지금? 돈도 쬐끔 있고 오라는 곳도 많고 부러운 건 별로 없는 데다 마누라에 토끼까지 둘이다. 기회가 주어져도 절대 안 돌아간다. 아마 소생에게 가장 끔찍한 벌이라면 그건 20대로 돌아가는 것이리라.

가수 전인권의 공연장에서 누군가 물었다. 20대에 할 일은 무엇이냐고. 전인권, 바로 고생이라고 대답했다. 반은 맞고 반은 틀렸다. 고생, 일부러 찾아다니지 않아도 알아서 찾아온다. 그저 버티고 인내하며 깨지기 직전까지 이를 악물고 통과하는 수밖에 없다는 얘기다. 이 외수도 항상 말하지 않는가. 존버('존X게 버틴다'는 뜻이다).

청춘에 대한 환상을 깨라. 나도 사방팔방 다니며 부지런히 깨줄 테니 여러분도 스스로의 몫을 깨라. 청춘은 애초부터 고단한 시기다. 한해 60만 명이 태어난다. 이 중 10퍼센트가 전문직이 된다. 10퍼센트는 대기업에 들어간다. 12만 명이 자신이 원하는 삶을 산다. 나머지 48만명은 취업 전까지 상위 20퍼센트에 대한 열등감에 시달리다가 그들이 시키는 일을 하면서 산다. 다행히 타고난 건 벤츠인데 골목길만 달리는 팔자가 있어 12만 명 중 3만 명이 낙오한다. 조금 더 나은 삶을 원하는 48만 명이 그 3만 개의 자리를 놓고 경쟁한다. 피가 마르는 레이스다. 숫자는 그냥 은유다. 대략 비슷하기는 하다.

진짜 고생은 40대에 온다. 20대의 고생은 구조적으로 온다. 40대에는 자기 방치와 무책임과 게으름으로 온다. 돈 때문에 가슴이 무너진다. 가족이 슬픈 게 진짜 슬픈 거라는 사실을 알게 된다. 그러지 않기 위해서 지금부터 마음 독하게 먹자. 그럼 뭘 하면 좋을까요? 나도 모른다. 1년 뒤쯤은 예상할 수 있다. 3년 후의 일을 말하면 예언이다. 너무 빨리 변한다.

단서는 있다. 소생은 인류 역사를 넷으로 나눈다. B.C와 A.D는 다 알 거다. 거기에 B.I와 A.I 추가다. 인터넷이다. 어떤 세상이 올지 아무

도 모른다. 해서 미래를 예측하고 준비하는 일은 초능력의 영역이다. 인간에게 가능한 것은 하나밖에 없다. 갑자기 룰이 바뀔 때 빠르게 적응할 수 있는 능력을 기르는 것! 그러니까 그게 뭐냐고요?

20대 중반에는 후배들에게 돈 생기면 책 사보라고 했다. 사회에 진입하고 나니까 그게 아니었다. 돈 생기면 옷 사 입으라고 했다. 사람이 걸친 게 좋아지면 발걸음이 당당해지는 법이다. 그러고 나서 보니까 진짜 중요한 건 옷이 아니라 옷걸이였다. 좀 고치라고 했다. 지금은 다시 책 보라고 한다. 기껏 그 소리냐고? 어느 글인가에도 썼었다. 쉬워서 진리이고 실천하기 어려워서 진리라고. 한 가지 잊었네. 지금은 죽어라, 책보라고 한다. 죽어라고. 혹시 기회가 되어 소생에게 청춘에 대한 글을 써보라면 첫 줄을 이렇게 시작하고 싶다. 청춘, 듣기만 해도 끔찍한 단어다. 한없이 이어지는 검은 터널과 언제 끝날지 모르는 시지프스의 고난이 쌍으로 달려드는 지랄 악몽 같은 시기다. 아, 제목은 청춘예찬이 아니고 청춘애찬靑春哀讚.

우등생 인생들아,
모르면 말을 말어

책 한 권으로 낙양의 지가를 올린 한 교수님은 요즘 심기가 편치 않다. 청춘의 아픔을 들쑤셔 위로라는 걸 하긴 했는데 실은 별 내용이 없고 대략 공자님 말씀인 데다 듣고 나면 오히려 짜증이 난다는 비판 때문이다. 내가 왜, 뭐. 강의실에서 울화를 토로했더니 학생 하나가 시큰둥하게 대꾸한다. 선생님, 천 번을 흔들려야 어른이 된대요.

울화, 십분 이해한다. 책 팔아 돈 버셨으면 됐지 마음까지 얻으려 드세요 하는데 기분 상하지 않을 사람 없다. 그러나 비판의 요지는 챙겨야 한다. 한동안 청춘 콘서트라는 이름으로 명사들이 지방을 돌았다. 소생, 살짝 의문이 들었다. 과연 저들이 청중을 정말로 이해하고 있을까. 무사 평탄 모범생 우등생의 길을 걸어온 사람들이 속칭 '지잡대생'들의 자기모멸과 불면의 밤에 기울인 소주잔의 무게를 헤아릴 수 있을까.

아니라고 본다. 그들은 진짜 아픈 게 어떤 것인지 모른다(고 소생은 감히 단정한다). 그래서 결국 해준 말도 스스로의 힘으로 바꿀 수 있는 건 네 자신뿐이라는 참으로 '서울대스러운' 발상이었을 뿐이다. 어떤 강연이 가치가 있으려면 다른 곳에서는 쓸모가 없는, 청자聽者 특화된 것이어야 한다. 아니라면 골절 환자, 자상 환자 가리지 않고 모조리 빨간약으로 발라 때우는 의사와 다를 바가 없다.

지난 대선 전 한 개그 프로그램에서 대선 주자들을 소재로 삼은 적이 있다. 스피드퀴즈 코너였는데 안철수 의원 역을 맡은 개그맨은 청소년기에 한 번쯤 해 볼 수 있는 것은? 이라는 문제에 "음, 전국 수석?"이라고 답한다. '빵' 터진다. 사회자가 당황하며 추가 설명을 한다. 아니 그런 거 말고 약간 부정적인 거 했더니 고개를 갸웃하고는 "그럼 전국 차석?"이라고 대답한다. 폭소가 폭죽처럼 터진다. 답은 가출이었다. 그 프로그램은 악의적인 여당 지지 방송이 아니었다. 박근혜 대통령도 사정없이 밟았으니까. 누군지는 모르지만 그 작가, 안철수 의원의 본질 하나는 정확히 뚫고 있었다.

청년 대상 강연이 들어왔다. 조건을 걸었다. SKY 및 사회 통념상 그에 상응하는 학력을 가진 경우 강연장에 들이지 말 것. 역차별이냐고? 아니다. 배려다: 입시가 지옥인 건 맞지만 그걸 체험하는 학생은 10퍼센트 미만이다. 입시를 접은 아이들에게 고3 1년은 너무나 한가하다. 입시를 지옥으로 겪고 이른바 명문대학 타이틀을 딴 아이들, 그들은 고등학교 시절 사선死線을 넘은 친구들이다. 나는 고등학교 시절 그런 걸 넘은 기억이 없다. 그들을 모르고 당연히 해줄 말도 없다. 그들에게는 필요한 선배와 멘토가 따로 있다.

소생은 강연에서 그들을 제외한 나머지가 서류 전형에서 매번 떨어지는 이유를, 지원서를 아무리 보내봐야 발송비만 날린다는 사실을 매우 친절하고 논리적으로 설명해줄 예정이다. 아울러 낙관과 독기라는 두 개의 비수를 갈고닦는 법에 대해서도.

그럼 뭐 엄친아는 청춘에게 아무런 발언도 하지 말라는 얘기입니까. 더더욱 필요하다. 최상위 그룹에 속하는 아이들에게 사회적 책임을 일깨워 주는 것이다. 공부도 재능이며 여러분은 많이 받고 태어난 사람들이며 그러니까 그 복福을 어떤 식으로건 사회에 환원하라 말해주는 것이다. 경험 밖의 일, 안다고 하면 사기고 모르면 입을 닫아야 한다. 그래서 비트겐슈타인은 이렇게 말했다. "모르면 말을 말어."

불평을 조장하는 사회

제가 느끼는 지금의 한국 사회는 '불평을 조장하는 사회'입니다. 인류가 탄생한 이래 단 한 번 이뤄져 본 적이 없는 평등하고 공평한 세상을 마치 금방이라도 실현할 수 있는 것처럼 떠들어 대는 무리 때문에 세상 꼴이 이 모양입니다.

외부 강연 가면 학부모님께 항상 드리는 말씀이 있습니다. 제발 자녀들에게 "너는 머리는 좋은데 노력을 안 해." 같은 소리 하지 말라고요. 자꾸 그렇게 말하면 자녀가 그 말을 믿습니다. 믿는 것까지는 좋은데 나중에 일이 잘 안 풀리면 부모 탓을 합니다. 세상 탓을 합니다. 나는 머리는 좋은데 집안에서 안 받쳐줘서 이 모양이다, 나는 최선을 다 했는데 세상이 꼬여 있어서 되는 일이 없다, 투정을 부립니다. 나중에는 학연, 지연을 끌어다 대며 이게 한국 사회를 망치고 있고 그것만 아니라면 내 인생도 쭉쭉 뻗어나갈 수 있다고 분통을 터트립니다.

영화 〈G.I. 제인〉에 이런 대사가 나옵니다. "자기 자신을 동정하는 동물은 인간밖에 없다." 그렇습니다. 덫에 걸려 발목이 잘린 삶이 "나는 발목 하나가 없으니까 참으로 불행해. 나는 나를 위해 울고 싶다."
고 말하는 것 들으신 적 있습니까. 그저 묵묵하게 다리를 질질 끌며
설산雪山을 오를 뿐입니다. 그나마 인간이 동물보다 나은 건 그런 낙
오자를 위해 손길을 내미는 주변이 있기 때문일 것입니다. 이렇게 말
해주셔야 합니다. 너는 머리가 없고 우리 집은 돈이 없으니까 죽어라
노력해야 해!

'불평 조장자들'이 성토해 마지않는 학연도 그렇습니다. 실버 스푼
을 물고 태어나지 못했으니까 그나마 후천적으로 성취가 가능한 학연
이라도 만들기 위해 좋은 대학을 가려고 하는 겁니다. 그게 아니라면
왜 잠 줄여가며 코피 쏟아가며 공부를 합니까. 그렇게 귀한 피로 얻은
학연과 인맥을 왜 비난합니까. 혹시 결과가 탐나니까 시비를 거는 것
은 아닌지요. 말을 바꿔 학연도 안 생기고 좋은 직장도 안 생기고 탐
나는 배우자도 안 생긴다면 입시에 취업에 뭐하러 그렇게 매달리겠습
니까. 인생은 내가 노력한 만큼 딱 거기까지만 얻을 수 있다는 사실을
받아들이세요. 얻을 수 있는 행복 이상을 아쉬워하며 마치 빼앗긴 듯,
에잇 이 더러운 세상! 분노하지 마세요.

말콤 글래드웰이 말한 '1만 시간의 법칙'이 있습니다. 어떤 분야에
서 성공하기 위해서는 1만 시간을 노력해야 한다는 이야기입니다. 대
체로 맞습니다. 그런데 고수의 말을 곧이곧대로 믿으면 안 됩니다. 그
사람들은 힌트만 주지 절대 정답은 주지 않습니다. 말콤 글래드웰이
1만 시간의 법칙을 설명하기 위해 끌어들인 인물은 영국의 록그룹 비
틀스입니다. 스타가 되기 전 독일 함부르크의 클럽에서 1만 시간을

연주했다고 하네요. 그러나 비틀스는 평범한 사람들이 아닙니다. 비틀스의 결성은 리버풀이라는 코딱지만 한 동네에서 모차르트가 네 명 동시에 탄생한 것과 같은 사건이고 그런 천재들의 만남입니다. 즉 일반인이라면 그보다 몇 배 더 해야 한다는 진짜 메시지가 숨겨져 있는 겁니다. 최소한 두 배 이상입니다. 다른 말로 '사생결단'이라고 합니다. 사생결단하고도 성과를 얻지 못했다는 말을 저는 아직 들어보지 못했습니다. 잘못된 세상을 진단하고 바꾸려는 노력과 허언虛言으로 불평과 핑계를 조장하는 짓은 구별되어야 합니다.

사랑과 독서의
운명론

지나고 보니 인생은 운명 이상이 아니었다. 소설가 김영하는 《퀴즈쇼》에서 "우리는 단군 이래 가장 많이 공부하고, 제일 똑똑하고, 외국어에도 능통하고, 첨단 전자 제품도 레고 블록을 만지듯 다루는 세대야. 거의 모두 대학을 나왔고 토익 점수는 세계 최고의 수준이고. 그런데 왜 지금 우리는 다 놀고 있는 거야? 도대체 우리가 뭘 잘못한 거지?"라며 젊은 세대를 대신해 항변한다. 나는 이렇게 대꾸한다. 다 팔자지 뭐. 그렇게 치자면 나는 단군 이래 가장 축복받은 세대다. 두발과 교복의 자율화 덕분에 어린 나이부터 무도장 출입을 시작했으나 대학에 갈 무렵엔 졸업 정원제가 문을 넓혀주어 무사히 진입했고 무인 정권과의 불화를 핑계로 공부를 작파했으나 졸업할 무렵엔 3저 호황 경제가 활활 타올라 회사를 골라서 갔다. IMF가 오기 전까지 인생은 내내 장밋빛이었다. 대체 내가 뭘 잘한 거지?

순응하면 태우고 가고 반항하면 '패서' 끌고 가는 게 운명이라지만 인간에게도 자신의 삶에 개입할 수 있는 카드가 있기는 하다. 답이 너무 뻔해서 미안하지만, 책 읽기다. 학교 매점을 점거하고 농성을 벌였다는 이야기는 들은 적이 없다. 점거 1순위는 항상 '도서관'이었다. 누군가는 자신을 키운 8할이 세미나였다고 고백하기도 했거니와 당시 전국의 모든 대학, 각종 모임이 항상 독서 토론을 중심으로 진행되었던 것은 축복이었다. '두뇌'가 쓴 책을 '머리'를 가진 선배가 '대가리'들에게 가르친 것이 문제이기는 하였으나. 그러나 쉬운 것을 통해 얻을 수 있는 것은 결국 쉽고 조잡하며 쓸모없는 것일 뿐이다. 명문 대학 도서관 대출 상위 리스트에 《해리 포터》가 올라 있는 것을 보고 '깜놀'했다. 백 번을 양보해도 이 사안에 대해서만은 세태와 트렌드의 편을 들 수 없다. 《해리 포터》는 초등학생을 위해 쓴 책이다. 이걸 대학생이 읽는다고? 이것'도' 읽었다면 상관없지만 이것을 주로 읽었다면 지성사에 드리워진 그림자를 걷어내는 건 애초에 물 건너간 일이다.

특강 요청이 들어왔고 제목을 묻기에 '읽고 마시고 감사하라'라고 불러주었다. 물론 줄리아 로버츠 주연의 영화, 〈먹고 기도하고 사랑하라〉를 패러디한 거다. 두 개는 겹치고 하나는 노선이 다르다. 그녀가 '사랑'을 골랐다면 소생은 '읽기'를 선택했다. 억지로 공통점을 찾아보라면 둘 다 행하는 사람에게 즐거운 일이라는 것 정도겠다. 반박하라면 아무리 좋다지만 사랑을 매일 할 수 있나? 상대가 싫증나면 또 찾아나서야 하는 반복이 지겹지도 않은가? 두 개를 들 수 있을 것이다. 어떤 면에서 읽기도 사랑과 닮았다. 새로 원고 청탁이 들어오면(새로 마음에 드는 사람을 만나면) 관련된 책을 서너 권 주문하고(그에 대해 알고 싶어 몇 차례 데이트를 하고) 원고를 쓴다(둘만의 역사를 써 나간다). 그러나 사랑과 읽기가 갈리는 진짜 이유는 경제적 환경의 차이다. 안정된 직장, 번듯한 남편, 맨해튼의 고가 아파트. 주변 모든 것이 완벽해 보이지만 언젠가부터 이게 정말 내가 원했던 삶인지 의문이 생긴 서른한 살의 저널리스트가 인도, 발리, 이탈리아를 여행하는 배부른 이야기와 지금 소생의 처지가 같을 수 없기 때문이다. 물론 영화와 현실을 비교하는 것 자체가 무리이긴 하지만. 읽기에 대한 소생의 최종 변론은 이렇다. 사랑은 돈이 든다. 읽기는 돈이 된다. 사랑은 운명에 자신을 맡기는 일이다. 읽기는 운명을 자신이 고르는 일이다. 너무 싸구려처럼 말해서 죄송하다.

돌에 대하여

먼저 문제 하나. 걱정, 불안, 두려움, 공포 중 현재 20대의 심리 상태에 가장 근접한 단어는? 답을 찾기 전에 예문을 활용해서 단어의 뉘앙스를 살펴보자. 걱정에는 그래도 내일이 있다. 하룻밤 자고 나면 내 노력이 아니더라도 외부의 도움이나 변화로 나아질 수도 있다는 기대다. 그래서 걱정하지 말고 푹 자, 이런 표현이 가능하다. 불안은 자고 나 봐야 별로 달라질 것이 없을 거라는 예감이다. 불안해하지 말고 푹 자, 아직은 말이 된다. 두려움은 이런 불안이 오늘 내일의 문제가 아니라 한없이 이어질 수도 있다는 초조함이다. 두려워하지 말고 푹 자, 말하는 사람이나 듣는 사람이나 좀 어색해진다. 공포는 어떨까. 다윈이 정의한 생리적 징후에서 공포는 몸이 굳고 식은땀이 나며 숨이 가빠지는 상황이다. 드라마 〈모래시계〉에서 태수(최민수)는 묻는다. "나, 떨고 있니?" 이게 공포. 공포에 떨지 말고 푹 자, 말하는 사람을 쥐어패고 싶어진다. 답은 무엇일까.

불행히도 공포다. 20대가 바라보는 미래는 암울 그 자체다. 다가올 그 공포 사회 앞에서 청춘들은 한없이 낮고 초라하다. 쓸모없는 '잉여'이거나 동력이 방전된 '루저'이거나 공동체에서 스스로 낙오한 '아싸(아웃사이더)'를 자인하는 데 주저함이 없다. 이렇게 말하면 아우 식상해, 하실지 모르겠다. 그렇다. 별로 새로울 것도 없는 얘기다. 시중에 나와 있는 각종 청춘백서를 보면 뱃속까지 훑고 나온 듯 저마다 진단이 완벽하다. 아프거나 흔들리고 있으며 그 해법으로 방황이나 딴 짓을 권하기도 하고 쫄지 마, 독려한다. 분석이 그리 많으면 처방전에 따라 해결하면 되는 거 아니냐고? 문제는 그게 아니다. 진짜 문제는 문제를 진단하지 못하는 것이 아니라 문제를 체감하지 못하는 것이다. 우리는 너무 쉽게 고통에 대해 이야기한다. 소외되고 고통 받는 계층이 어쩌고저쩌고 하면서 나 그 심정 잘 알아요 나불나불. 그런데 실제 그들이 느끼는 건 관념적인 고통이 아니라 구체적인 '통증'이다. 오늘 일을 나가지 않으면 당장 내일 먹을 쌀이 없는 상황에 처해본 적이 있는가. 드라마 얘기 하나 더 하자. 〈뿌리 깊은 나무〉에서 살인 혐의를 쓰고 도망치는 백정에게 겸사복(장혁)이 묻는다. 어찌하여 도주냐. 가서 설명하고 무고를 입증하면 되지 않느냐. 백정은 핏대를 세운다. 백정이 궁부宮府에 끌려가면 그냥 죽는다고, 목숨이라고 다 같은 목숨인 줄 아냐고. 백정의 처지를 체감하지 못했던 겸사복은 당황한다. 설명과 무고 입증은 사대부나 양인들에게나 가능한 자기 본위의 발상이었던 것이다.

기성세대는 능력 밖의 일을 해주겠다고 나서지 말아야 한다. 부추기지도 말고 있지도 않은 희망이 저 산 뒤에 있다며 위기를 모면하려 들지도 말아야 한다. 혹여 청춘이 저 왜 이런가요, 묻는다면 나도 모

르겠다, 솔직히 대답해야 한다. 아쉬운 건 정작 듣고 싶은 청춘의 목소리가 실종이라는 사실이다. 청춘이 한 말씀 올립니다, 하는 책이 없다. 책은 무엇일까. 책은 성찰이자 기획서이자 연대의 출발이다. 80년대 학번들은 세상과 싸워 세상을 얻은 세대다(그 얻은 것을 제대로 사용했는지는 별개의 문제다). 2000년 이후 학번들이 뭔가를 위해 싸웠다는 기록을 읽은 기억이 없다. 싸우지 않으면 아무것도 얻을 수 없다. 《88만원 세대》의 저자들은 토익 책을 덮고 바리케이트를 치고 짱돌을 들라고 한다. 같은 의견이냐고? 조금 다르다. 책을 펴고 바리케이트를 치고 남는 손으로 돌(이건 상징이다)을 들어야 한다. 책을 봐야 싸워나갈 방향을 알 수 있고 싸워 봐야 책을 펼쳐야 하는 이유를 알 수 있다. 조폭 영화에 자주 등장하는 대사다. 건달이 의사에게 말한다. "거, 같은 칼 쓰는 사람끼리 너무 그러지 맙시다." 의사 되받아친다. "이런 무식한 새끼, 공부한 칼이랑 안 한 칼이랑 같아?" 공부한 돌이 훨씬 멀리 정확히 나간다.

수능시험을 망친 당신에게

지지리도 공부를 못했다. 혼자 힘으로 반 평균을 떨어뜨렸다 수준의 고전적인 무용담으로는 소생의 부진을 제대로 설명하지 못한다. 고등학교 시절 수학 특별반이라는 게 있었다. 이 반의 존재는 국정원도 모른다. 자존심 배려 차원에서 당사자에게만 통보했기 때문이다. 반에서 수학을 제일 못하는 학생만 모아 방과 후 수업을 진행했는데(구구단부터 가르친다. 명색이 고등학생인데…) 몇 번의 수업이 진행되고 중간평가 시험을 본 날 담임은 침통하게 말했다. "…나는 네가 중간은 할 줄 알았다."

학력고사(지금의 수능)를 보던 날, 하늘이 참 맑았다. 홀가분한 마음으로 집을 나섰다. 이제 이 지겨운 생활도 끝이구나. 고사장에 앉아 있는데 특별 휴가 나온 군인 아저씨가 화장실로 부른다. "너 공부 좀 하게 보인다? 몇 등급이냐. 나 이번이 세 번째인데 좀 보고 쓰자." 예나 지금이나 소생 거짓말 하나는 어떤 상황에서도 술술이다. "당연 일등급이죠. 서울대 목표고요." 군인 아저씨 달처럼 환해진다. "그럼 나는 연고대는 가겠구나." 눈 똑바로 뜨고 정색을 했다. "무슨 소리예요. 저랑 같이 서울대 가셔야죠." 감동에 겨워 그는 눈물까지 흘렸다. 미안하다. 김 병장. 점수가 나오고 교무실에 갔더니 담임이 웬일이냐는 듯 본다. "대학 가려고요." 고개를 갸웃한다. 중위권에 속하는 대학과 학과를 말했을 뿐인데 100점이 더 필요하단다. "안 되는데, 저 대학가요제 꼭 나가야 하거든요." 담임은 시큰둥하게 대꾸했다. "대학가요제는 모르겠고 어디 근로자 가요제 같은 거 알아보셔."

수능이 끝났다. 이 글은 수능을 망쳤다고 생각하는 학생과 그 부모님들께 드리는 글이다. 먼저 위로다. 너무 좌절하지 마시라. 수능이 끝났다고 당신 인생까지 끝난 건 아니니까. 물론 인생의 중요한 전환점에서 실기失機한 건 사실이다. 앞으로 10년은 그 실패의 결과를 뼈저리게 곱씹게 될 것이며 마음껏 퍼 자며 희희낙락 즐겁게 보낸 학창시절을 저주하게 될 것이다. 서연고서성한중경외시 같은 해괴한 계보를 꿰고 명문대와 '지잡대' 사이의 크레바스적 간극을 실감하게 된다. 서울대 졸업생이 쓴 《아프니까 청춘이다》가 얼마나 공허한 위로인지 온몸으로 느끼게 된다. 이문열 선생 책에 자주 등장하는 '평균치의 삶조차도 누리지 못할 것 같은 공포'는 덤이다. 그러나 인생은 길다. 아~주 길다. 지겹게 길다. 10년쯤 지나면 세상이 말을 걸어온다. 그래 그동안 준비 많이 했니? 그게 무슨 말이세요? 당신이 되묻는 순간 세상은 싸늘하게 돌아선다. 넌 네 인생을 사랑하지 않는 놈이구나. 그리고 다시는 당신에게 손을 내밀지 않는다.

수능을 못 본 당신, 나쁜 학벌을 예약했다. 학벌이 나쁘다는 거 별

거 아니다. 하고 싶은 일을 마음대로 고르는 대신 남이 시키는 일을 주로 하게 될 것이라는 의미 정도? 좋은 점도 있다. 밋밋하고 말랑말랑한 삶 대신에 거친 풍파와 싸우는 드라마틱한 인생이 기다리고 있다. 뒤늦게 공부를 시작하고 이 재미있는 걸 왜 진작 몰랐을까 탄복하는 즐거움도 있다. 어지간한 모욕으로는 상처받지 않는 내공이 생겨 사소한 일에 일희일비하지 않는 군자적 풍모를 갖추게 된다.

이런 말 들어보셨나. 뛰는 놈 위에 나는 놈, 나는 놈 위에 사생결단한 놈. 이제부터 뭘 하든 목숨을 걸고 하시라. 건투를 빈다. 인생은 길다.

영어

얼마 전 썼던 칼럼을 보고 독자 한 분이 물어오셨다. 영어 대신 앞으로 발전 가능성이 있는 남미, 아시아 일부 그리고 아프리카 쪽 언어를 배우는 것이 더 낫다는 취지의 글을 쓰셨는데 제 정신이냐고. 아, 그게 그렇게 읽힐 수도 있겠구나 생각이 들었다. 원고지 8.5매 분량 칼럼의 비애란 게 이런 거다. 하고 싶은 이야기를 충분히 하지 못한다. 아니다. 지면이 무슨 죄냐. 그 안에 알차게 다 밀어 넣지 못하는 소생의 필력이 문제지. 결론부터 말하자면 아니다. 영어, 매우 중요하다. 진짜 중요하다. 그런데 조건이 있다. 영어를 업무상 활용해야 하는 처지에 있는 사람에게 중요하고 글을 쓰는 사람에게 중요하다. 그 외의 사람들이 영어를 회화 이상으로 공부하는 일은 시간 낭비다.

국가 대표급 수영 선수 아들을 둔 친구가 있다. 소생이 이 친구에게 해주는 조언은 아이에게 영어를 우리말처럼 구사하게 훈련시키라는 것이다. 그리고 시간이 된다면 우리말로 된 인문사회과학 책을 많이 읽히라는 것. 다른 운동과 마찬가지로 어차피 수영이란 게 평생 현장에서 뛸(?) 일은 아니다. 아이는 언제가 선수 생활을 접고 생활로 돌아와야 한다. 두 가지가 있다. 국내 지도자로 남는 것이다. 그럼 영어 별로 필요 없다. 그런데 만약 마라톤 황영조처럼 국제 수영 연맹이니 IOC 같은 데로 진출하기로 마음먹는다면 이야기가 달라진다. 아이가 선거에 나갔다고 치자. 유세 연설을 해야 한다. 그런데 이 대목에서 아이가 영어로 "나는 수영을 좋아합니다." 뭐 이런 식으로 서두를 꺼냈다고 가정해 보자. 그러면 듣는 사람들 다들 이렇게 생각한다. '나도 네가 수영만 하는 걸 좋아해.' 즉, 수영이나 열심히 하고 스포츠 행정 같은 건 감히 넘보지 말라는 충고를 듣게 될 것이라는 말씀이다. 그런데 만약 이 아이가 "수영은 단지 물을 가르고 앞으로 나아가는 게임이 아닙니다." 같은 식으로 이야기를 풀어나갔다면? 투표 결과는 어찌 될지 모르지만 적어도 지적이고 통찰이 있는 사람이라는 인식은 심어줄 수 있을 것이다.

후회를 안 하고 사는 편이다. 그 어떤 잘못된 판단과 결정도 곱씹으며 괴로워해본 적이 없다. 남들에게 이렇게 말하지만 사실은 딱 하나 있다. 영어를 포기한 것이다. 평생 영어를 사용할 일이 없을 줄 알았다. 아주 일찌감치 결정한 진로에 영어는 없었다. 미술이나 음악을 하고 살 줄 알았다. 그게 어긋나고 난데없이 글 쓰는 일로 업을 삼게 되자 무서운 사실을 알게 되었다. 이런 젠장(이런 표현을 쓸 만큼 무지하게 절망적이다), 고급 정보는 전부 영어로 되어 있었던 것이다. 한글로 된 정보는 공유지나 다름없다. 누구나 약간의 시간만 투자하면 습득할 수 있다. 그가 아는 것 나도 알고 내가 아는 건 그도 안다. 격차가 벌어질 일이 없다. 그런데 끔찍한 건 그는 아는데 나는 모르는 거다. 그가 영어가 되는 경우다. 당연히 회화를 말하는 게 아니다. 만약 그에게 미국 대학생 수준의 인문학 서적 독해 능력이 있다면 나는 활을 들고 그는 다연발총을 든 전투와 상황이 유사해진다. 어떤 경우에도 그보다 독창적일 수 없으며 풍부한 예시를 꺼내들지 못하며 결국 이기지 못한다.

다행히 또래인 386세대는 영어를 잘 못한다. 미제국주의의 언어라는 황당한 이유 때문에 영어를 적대시했기 때문이다. 문제는 386들이 퇴장하고 포스트 386세대와 경쟁을 해야 하는 상황이다(소생의 업종 특성상 은퇴 시기가 상대적으로 느리고 반드시 그렇게 된다). 이때는 정말이지 자신이 없다. 뒤늦게 북한 초등학생들이 영어 스피치 대회를 하는 북한 비디오를 봤다. 영어 선생이 아이들에게 이렇게 말했다. "반미를 제대로 하려면 미국을 잘 알아야 하고 미국을 잘 알려면 먼저 영어를 잘 알아야 한다." 아악, 이럴 수가. 이래서 386은 속빈 강정, 허점이 많다. 영어, 중요하다. 회화 말고 독해. 그리고 지식산업에 종사하는 사람만.

운을 부르는 두 가지

세상일은 학교에서 배운 도덕 교과서와 다릅니다. 들은 대로 따라 했다가는 낭패 보기 십상이죠. 스타 강사인 김미경 씨는 이렇게 말합니다. "꿈과 돈 중 선택해야 한다면 돈을 선택하라. 돈을 따라가다 보면 가끔 꿈이 이루어지기도 하지만 꿈을 따라가다가는 돈은 구경도 못한다." 이런 걸 처세라고 해야 할지 인생살이의 역설이라고 해야 할지 모르겠지만 여하튼 듣는 사람의 동의를 끌어내는 그 나름의 통찰이 있는 것만은 틀림이 없습니다. 해서 오늘은 저도 욕 들을 각오하고 비슷한 얘기 좀 해볼까 합니다. 절반은 재밌자고 하는 얘기니까 너무 큰 돌은 참아주세요.

수업 시간에 학생들이 좀 더 나은 삶, 성공하는 삶에 대해 물어보면 소생 요렇게 대답합니다. "노력은 개나 소나 다 한다. 그보다 운이 좋기를 바라라."(일동 경악) 흔히 운칠기삼이라고 합니다. 우리 선조들이 삶의 이치를 꿰뚫어서 이런 명확한 비율을 제시한 것일까요. 아닙니다. 실은 전부가 운이다, 라고 하면 맥 빠지는 사람이 많을까 봐 완곡

하게 표현했을 뿐입니다.

가령 예수가 말한, "부자가 천국에 가는 건 낙타가 바늘구멍을 통과하는 것과 같다."처럼 말입니다. 어렵다는 얘기가 아니죠. 못 간다는 얘기입니다. 아, 정말요? 그럼 저는 어쩌라고요. 부자 분들 당황해 하시네요. 영화 〈바람과 함께 사라지다〉에서 클라크 게이블은 이런 멋진 대사를 날립니다. "그거야 내 알 바 아니지." 얘기가 산으로 갔네요.

비유가 저렴해서 죄송합니다만 인생은 고스톱과 닮은 데가 있습니다. 아무리 들고 있는 패가 좋아도 바닥에서 안 붙어주면 점수 절대 안 납니다. 소생이 부러워하는 사람은 빌 게이츠가 아니라 빌 게이츠와 같은 방을 쓰다가 싫은데 억지로 창업에 동참한 사람입니다. 운이란 어쩌면 필요한 것의 전부인지도 모릅니다.

운을 부르는 두 가지가 있습니다. 그 하나는 인맥입니다. 인맥은 그냥 '아는 사람'이 아닙니다. 인맥이란 '다른 사람에게 내 이야기를 해주는 사람'입니다. 저는 똑똑하고 유능합니다, 자기 입으로 말하면 미친 줄 압니다. 쟤는 참 똑똑하고 성실해요. 어, 그래? 한번 데려와 봐 하는 반응 나옵니다. 주변에 상냥하게 대해 주세요.

한편 마피아 경영학에는 이런 말이 나옵니다. 당신보다 나은 인간과 교제하되 모든 경비를 부담하라. 그렇습니다. 인맥은 수평뿐만 아니라 수직으로도 쌓아야 한다는 얘기입니다. 병아리가 알에서 나오기 위해 부리로 껍질을 쪼아대는 것을 줄啐이라고 합니다. 반대로 어미 닭이 밖에서 쪼아 돕는 것을 탁啄이라고 하지요. 이 두 개가 맞아떨어져야 알이 깨지고 병아리가 세상 구경을 할 수 있습니다. 그것도 동시에. 해서 나온 사자성어가 줄탁동기啐啄同機입니다. 물론 줄만으로도 껍질은 깨집니다. 그런데 오래 걸립니다. 너무 오래 걸립니다. 가장 나쁜 경우는 쪼다 죽는 겁니다. 실은 대부분의 인생이 그렇습니다. 주변에 쪼아주실 분이 있나요?

다른 하나는 기도를 많이 하는 겁니다. 사람은 (대체로) 생긴 대로 놀고 (대부분) 말한 대로 됩니다. 그래서 기도하는 겁니다. 모쪼록 앞날에 좋은 일이 많이 있으라고. 기도의 동사動詞는 '기도하다'가 아니라 '적선積善하다'입니다. 그런데 꼭 표나게 하세요. 오른손이 하는 일을 왼손만 모르고 세상 모든 사람이 다 알 수 있도록. 선善은 운運이 내려앉는 둥지랍니다. 그 즉시 운으로 이어지지 않더라도 사람들이 기억하고 있어 나쁠 일은 아니겠지요. 노력하고 교제하고, 기도하세요. 사랑 받는 인생이 되세요.

창의력을 기르세요

삼성 입사 시험에 재미있는 문제가 등장했다. '토르, 수퍼맨, 울버린, 아이언맨 중 성격이 다른 수퍼 히어로는 누구인가'라는 질문이다. 문제를 '성격'에 놓고 풀면 쉽다. 셋은 평상시에 겸손한 성격이다. 아이언맨은 시종일관 건방지다. 웃자고 한 얘기다.

두 가지 측면에서 문제는 의미 있다. 하나는 기업이 요구하는 인재상이 암기형에서 사고형으로 바뀌고 있다는 것이다. 둘은 삼성이 스스로의 포지셔닝을 넘버원으로 설정하고 있다는 것이다. 실은 둘은 같은 말이다. 영화 〈추격자〉에서 김윤석은 죽어라 따라 뛰기만 하면 된다. 범인인 하정우는 잘 뛰는 것으로 끝나는 게 아니라 생각까지 해야 한다. 어느 골목이 트였고 어느 골목이 막혔는지, 오르막길로 뛰는 것과 내리막길로 달리는 것 중 뒤따라오는 저 나이 든 놈의 관절에 불리한 경우는 어떤 것일까 등등. 그래서 1등은 뛰면서 생각해야 하는 이중고를 감당해야 한다. 소생은 삼성 문제에서 그 절박한 심정을 본다. 1등만 따라잡으면 문제가 해결되던 아름다운 시절이 끝난 것이다.

문제는 사고력이다. 세상에 생각 안 하고 사는 사람은 없다. 생각과 사고는 다른 것일까. 예민하게 다르다. 사고력은 창의력과 상상력을 말한다. 소생이 (아주) 가끔 듣는 소리가 상상력이 풍부하다는 칭찬이다. 상상력이라는 것을 한 번도 경험해보지 못한, 그래서 그것이 어떤 것인지 전혀 감을 못 잡으시는 분들이 그런 말을 한다.

상상력이란 가령 원시인이 달을 보면서 어떻게 하면 저기에 갈 수 있을까 따위를 떠올리는 것을 말한다. 소생은 상상력이 아니라 창의력이 발달한 경우다. 상상력과 창의력은 다르다. 창의력은 이미 주어진 것들을 발전시키는 것이고 상상력은 존재하지 않는 것을 혼합해 사고를 확장해 나가는 것이다. 소생은 그저 사실과 언어를 조합하는 능력이 (부단한 노력으로) 조금 발달된 것일 뿐이다. 비율로 치자면 창의력 90퍼센트에 상상력 10퍼센트 정도? 음, 너무 과하게 잡았다. 창의력 99퍼센트에 상상력 1퍼센트.

상상력은 키울 수 없다. 거의 타고난다. 해서 '아이의 상상력을 길러 드립니다' 같은 광고는 사기이거나 문맥상 오류다. 창의력은 다르다. 키울 수 있다. 앞에서 '발달'이라는 표현을 쓴 것이 그 이유다. 창의력을 키울 때 가장 중요한 건 상수常數와 변수變數를 구분하는 것이다. 핵심을 먼저 파악하라는 얘기다.

영화 시나리오를 쓸 때 한 문장으로 설명 가능하지 않은 이야기라면 아예 시작하지 말라는 격언이 있다. 그게 상수다. 《로미오와 줄리엣》을 한 줄로 줄이면? 대를 이어 서로 미워하는 두 집안의 이야기다. 이루어질 수 없는 틴에이저 섹스 스토리는 상수가 아니라 변수다. 〈관상〉은 어떨까. 수양대군과 김종서의 정쟁에 휘말리게 된 천재 관상가의 이야기다. 관상가가 아니라 예지몽자를 갖다 놓더라도 드라마는 진행된다. 상수를 짚은 뒤 거기에 화학적 반응이 가장 강렬할 것으로 추정되는 것을 올려놓아 상수를 빛나게 하는 것, 그것이 바로 창의력이다. 관상은 관객의 흥미를 고조시킬 수 있어 토핑으로 채택되었을 뿐이다.

문제로 시작했으니 문제로 글을 맺자.《노인과 바다》를 한 줄로 요약하면? 소생이 생각한 답은 '노인이 엄청나게 큰 생선을 잡았는데 생선이 힘이 너무 좋다, 혹은 너무 멀리 나왔다'이다. '노인은 사자 꿈을 꾸고 있었다로 끝나는 헤밍웨이의 소설'이라 답하신다면 암기력이 뛰어난 분. '바다에서는 역시 상어가 갑이다'라고 생각한 분은 사회생활에서 스트레스를 많이 받으신 분.

꼰대와 멘토

20대에는 이렇게 떠벌리고 다녔다. "난 뭘 해도 될 거야." 30대에는 이렇게 중얼거리고 다녔다. "하는 일에 따라서 어쩌면 될지도 몰라." 지천명知天命(50살)을 코앞에 둔 지금은 이런 생각을 한다. "난 뭘 해도 안 될 거야."

주변에서는 우려의 눈길을 보낸다. 아니 어쩌다가 그렇게 부정적으로 변하셨어요(예전의 교만 방자했던 때보다는 낫습니다만). 소생, 이해가 잘 되지 않는다. 하늘의 명까지는 잘 모르겠고 이제야 겨우 주제 파악이 되는 중이고 덕분에 사고가 긍정적으로 바뀐 것 같은데 갱년기에 사춘기 우울증 환자 취급이라니. 미망에서 깬 것은 득도에 버금가는 경사이고 자기 자신을 객관적으로 보게 되었으니 이 또한 칭찬받아 마땅한 일 아닌가. 사실 세상 대부분의 분쟁은 자기 자신을 과대하게 평가하고 있어서 발생한다. 자기를 알아주지 않는다고, 제대로 취급 받지 못했다고 분개한 끝에. 문제는 내가 생각하는 '나'와 남이 바라보는 '나'의 존재가 달라도 너무 다르다는 것이다. 하필 인간이란 종種

이 참 어이없는 존재여서 (양보하더라도 최소한 남자라는 종족만큼은) 남에게 인정받는 일을 목숨을 건 투쟁 수준으로 중하게 여기는 기질이 있어 문제는 본격적으로 심각해진다.

층간 소음 문제로 위층과 다툰 끝에 위층 소유 차량의 타이어에 펑크를 내고 열쇠 구멍에 접착제를 발라버린 판사님이 계셨다. 아마 이랬을 것이다. 내가 판사인데 감히 나를 무시해? 그분은 법정에서는 판사지만 동네에서는 그냥 이웃 주민이었을 뿐이다. 판사의 권위를 일상생활에서까지 인정받고 싶어서 벌어진 해프닝이었다. 아들이 술집 종업원들에게 몇 대 쥐어 터졌다고 득달같이 달려가 '아구통'을 날리신 회장님도 있었다. 아들을 사랑한 것인지 자신의 권위를 사랑한 것인지 잘 모르겠다. 이런 분들의 특징은 심각한 겸손 결핍 증세를 보인다는 것이다. 너나 나나 죽으면 한 뼘 땅에 묻혀 썩는 것은 마찬가지라고 절대 생각하지 않는다.

판사님이나 회장님같이 특별한 분들만 그러는 것이 아니다. 동창회 같은 데 나가보면 그런 증세를 보이는 놈이 하나둘 꼭 있다. 화제가 그쪽이 아닌데도 뜬금없이 자기 자랑을 끼워 넣어 내러티브를 교란시킨다. 그래도 성에 안 차면 "이거 내가 쏜다."고 설치기도 한다(이런 건 매우 바람직하다). 누구나 소중한 존재인 것은 맞다. 그러나 나라는 존재는 나한테나 소중하지 남한테는 하나도 소중하지 않다. 그 사실을 저만 모른다.

벼는 익을수록 고개를 숙인다고 했다. 역으로 생각을 해봤다. 고개를 미리 숙이면 혹시 익는 게 빨라지지 않을까. 겸손하면 상대방도 친절할 것이고 친절은 협조를 동반할 것이니 나쁠 일이 없다. 물론 겸손을 이해하지 못해 '을乙'의 처신으로 읽는 멍청한 인간도 있다. 이런 인간은 속해 있는 조직과 자신의 능력을 혼동하거나 출신 학교가 자기를 대변한다고 믿는 삼류들이다. 그 조직을 벗어나거나 학력이 별로 중요치 않은 상황이 되면 견디지 못한다. 결국 사고를 친다. 사고를 안 치더라도 내가 왕년에, 소리를 늘어놓아 '꼰대' 소리를 듣는다. 이런 경구도 있지 않은가. 꼰대는 성공담을 자랑하고 멘토는 실패담을 들려준다. 돌아보면 내가 한 일이라고는 결국 나이 먹은 게 전부다.

얼마 전 술자리에서 "뭐하는 분이세요?" 묻기에 "그냥, 사는 사람입니다." 했다. 대답하고는 편안했다. 제일 끝자리에 앉아 한마디도 안 하고 듣기만 했다. 안주를 많이 먹어서 실속도 넘친다. 가운데 앉아 세사에 통달한 듯 떠들어 대는 저 멍청한 놈은 언제 사람이 될까.

깡패 영화

한국에는 갱스터 무비란 게 원칙적으로 존재하지 않는다. 총질이 자유롭지 못하기 때문이다. 한국에는 '깡패 영화'가 있다. 출발은 건달 영화였다(자기들은 협객이라고 불리고 싶어 한다. 반면 양아치라고 부르면 발끈한다. 뭐든지 사실에 가까워지면 예민해진다). 건달의 정의는 영화 〈넘버 3〉에 나온다. 불한당不汗黨으로 땀을 흘리지 않는 족속을 말한다. 생산 활동을 하지 않고 사회경제적 기반 없이 삶을 영위하는 무리다. 김두한이니 스라소니 같은 주먹들이 초창기 건달 영화의 주인공들이었다. 가난한 나라, 이렇다 할 경제가 없었으므로 이들의 삶도 구름 위의 그것처럼 붕 떠 있다.

한국 깡패사史를 둘로 나누면 조양은 이전과 조양은 이후로 갈린다. 그는 상대를 제압하면서 '연장'을 썼다. 1975년, 이른바 명동 사보이호텔 사건이다. 연장을 쓰면서 손발의 중요성은 예전보다 떨어졌다. 무술 도장을 출입하는 깡패가 줄었고 비대하게 몸을 불리는 관행도 빛을 잃어갔다. 깡패들의 세계에도 생활이란 게 들어선다. 두 편의 영화를 예로 들어보자. 장현수 감독의 1994년 작 〈게임의 법칙〉

과 유하 감독의 2006년 작 〈비열한 거리〉다. 〈게임의 법칙〉에서 주인공 용대(박중훈 분)는 거둬만 주시면 목숨을 바치겠다고 맹세한다. '가오형' 건달이다. 〈비열한 거리〉에서 병두(조인성 분)는 거둬 주시고 아파트도 주시면 목숨을 바치겠다고 조건부 서약을 한다. 생계형 건달이다.

책마다 결말이 사뭇 비관적이어서 공포 경제학자로 불리는 우석훈의 《88만원 세대》라는 책이 있다. 정작 88만원 세대는 별로 읽지 않고 그 시기는 이미 한참 전에 지나 빈곤을 사유의 대상으로 삼는 풍족한 세대가 주로 읽은 책이다. 이런 내용이 나온다. 취업 악몽에 시달리는 20대에게 팔을 활짝 벌리고 있는 경제 조직이 두 개 있으니 다단계 판매와 조직폭력단이다. 특히 조직폭력단은 약간의 진입장벽은 있기는 하지만 주기적으로 '오야붕'들이 체포되기 때문에 일반 경제조직보다 상층부에 비교적 빠르게 진입할 수 있고 당연히 상층부의 인사적체 현상도 덜하다는 장점이 있다. 우석훈은 깡패를, 조폭을 하나의 사회적으로 공인받는 직업으로 이해하고 있다. 그러니까 〈비열한 거리〉는 게임의 법칙+88만원 세대가 결합된 영화인 셈이다. 〈게임의 법칙〉 용대에게 가족 같은 건 없다. 한 방에 떠 보겠다며 혼자 날뛴다. 병두의 머릿속에는 가족이 반이다. 이미 가족인 사람들과 앞으로 가족이 될 사람까지. 〈우아한 세계〉의 송강호는 병두의 미래다.

깡패들은 머리를 짧게 자른다. 머리털을 잡힌 채 쥐 터지는 걸 우려해서가 아니다. 진술을 들어보면 그 정도 실력이면 건달 생활 접어야 한다며 웃는다. 머리를 짧게 자르는 건 발열 때문이다. 몸에 그림을 잔뜩 그리면 땀구멍이 막힌다. 여름에 매운 것을 먹으면 거의 죽는다. 머리로라도 열을 날려 보내야 하는 이유다. 약간 개와 비슷하다. 신세대 깡패 영화에는 머리 긴 주먹들이 등장한다. 문신을 파지 않는다는, 그 유행이 지났다는 증거다. 〈친구 2〉는 곽경택 감독이 출세작 〈친구〉(2001)에 스토리를 붙여 만든 영화다. 구세대 깡패인 준석(유오성 분)이 후배들, 식구들을 논하면서 밥도 같이 먹고 어쩌고 하자 신세대 깡패인 성훈(김우빈 분)은 바로 되받는다. 돈이나 주이소. 돈이면 다 된다는 거 아입니까. 준석은 말을 잃는다. 성공제일주의는 깡패들의 세계까지 정복했다. 아니 깡패들이 전염됐다. 싸움보다 욕망이 더 주요하게 작동하는 한국 깡패 영화의 현재 모습은 사회의 축소판인 셈이다.

사족 하나, 깡패 영화가 꾸준히 만들어지는 이유는 젊은 남자 배우들이 젊고 싱싱한 나이일 때 그 역할을 욕심내기 때문이다. 김우빈이 그랬고 송승헌이 그랬고 또 많은 다른 배우들이 그럴 것이다.

불혹의 현실

문득 궁금하다. 마흔이 되면 저절로 불혹의 경지에 이른다는 것인지 마흔이 가기 전 각고의 노력으로 그 단계에 진입하라는 건지. 전자가 아니라는 건 진즉에 알았고 후자라면 이제 몇 년 남지 않은 셈인데 글쎄, 전망은 별로 밝지 않아 보인다. 유일하게 불혹에 성공한 것이 있으니 연말연시에 둔감해진 것이다. 30대에는 해가 바뀔 때마다 계획과 도전의 연속이었다. 뭘 끊거나 뭘 새로 시작하거나. 지금은 아니다. 덤덤 담담 그뿐으로 크리스마스 캐럴도 제야의 종소리도 죄다 소음으로 들린다.

40대, 내내 숨이 차다. 사람이 사회생활을 시작하면서 연령대마다 고루 일이 배정되면 좋은데 참 이상하게도 그게 아니다. 20대, 할 일이 없다. 어떤 소설인가에서 제발 무슨 일이건 일어나라, 기도하는 소녀들의 이야기를 읽은 적 있다. 당연히 아무 일도 일어나지 않는다. 그저 상처받고 좌절하는 일이 20대의 몫이다. 30대 초반, 슬슬 일이 들어오기 시작한다. 실무라는 걸 하기는 하는데 항상 중요한 결정은

윗분들 차지다. 그래서 기분이 나쁘다. 40대, 일이 마구 밀려온다. 결정권은 있는데 머리가 안 따라준다. 가끔 아이디어를 내면 아랫것들이 실실 웃는다. 상처받아서 머리 쓸 생각이 더 안 든다.

실속 없이 찾는 이만 늘어난다. 이수성 전 총리가 친구가 5만 명이라고 해서 전 국민이 기절한 적이 있는데 이 중 절반 이상은 아마 40대에 생긴 것일 것이다. 하루건너 모임이다 조직이다 줄줄이 달력에 빨간 표시다. 받은 명함이 늘어나고 허리 치수가 늘어난다. 병원 가면 의사가 심각한 표정을 짓는다. 간에는 기름이 끼고 심장은 불규칙하고 관절은 겉돌고 시야는 침침하다. 그냥 그런 생각 한다. 내년에는 더 흐릿하겠구나. 보이는 세상도 내 머릿속도.

세상의 강자가 누구인지 슬슬 감이 잡힌다. 오랜만에 교수, 판사, 기자, 사업하는 친구가 모였다. 판사가 교수에게 말한다. 만날 학교에서 애들하고 노닥거리는 네가 세상에 대해 뭘 알겠느냐. 기자는 판사를 압박한다. 어려서부터 영감 소리에 대접받으며 뒷짐 지고 산 네가 세상이 어떤지 알기는 하느냐. 사업하는 인간이 나머지 셋 보고 말한다. 나는 너희가 왜 사는지 모르겠다. 웃자고 한 얘기지만 뼈가 없는 것도 아니어서 토 달 엄두가 나지 않는다.

회식 자리에서 기도를 했더니 다들 쳐다본다. 저거 희한하게 인간이 돼가네? 옆에 앉은 놈이 쿡 찌른다. 그거, 기도하면 좋으냐? 그렇다고 대답하니 흥미가 생기는 모양이다. 뭐가 좋으냐 묻기에 위로가 된다고 대꾸한다. 구원이니 천국이니 하는 것보다 위로라는 단어가 더 크게 느껴지는 모양이다. 나도 교회나 나갈까 묻는다. 교회'나' 나갈까가 아니라 공손하게 교회'에' 나갈까 해야 하느니라 고쳐줬더니 심오한 얘기라도 들은 듯 고개를 끄덕인다. 주방 아줌마에게 "집사님 여기 소주 한 병~" 장난도 친다. 모르겠다, 돌아오는 일요일에는 정말 동네 교회라도 얼씬거릴지.

또다시 돌아온 연말. 아무 계획 안 세운다. 담배 안 끊는다. 어차피 피울 공간도 점점 줄어든다. 음주량 안 줄인다. 의사가 그랬다. 유전자를 압도하는 습관은 없다고. 어떻게 지내느냐고 묻기에 관성으로 산다고 건성으로 대답했더니 어떻게 들었는지 "와 불혹의 경지에 이르셨네요." 한다. 하하하 이게 불혹? 에이 설마.

남자의 눈물

사내대장부가 그깟 일로 울다니, 뚝! 어릴 적 종종 듣던 말이다. 눈물을 닦아주는 대신 어른들은 그렇게 말했고 그런 말을 들었으니 울음을 그치는 것이 맞는지, 그런다고 멈추면 더 이상해 계속 우는 게 맞는지 판단이 안 서 눈에서는 짭조름한 것이 흐르되 입은 닫은 채 상황 파악을 위해 연신 눈만 끔뻑거리고 있었던 기억이다. 나라가 망한 것도 아닌데 왜 우냐. 대장부 타령에 이어 듣게 되는 남자 눈물 불가 2절이다. 눈물은 대의적으로만 흘려야 한다는 지침이 들어 있다. 그래서 남자들은 세상일로만 우는 것에 익숙하다. 눈물이 잦았던 소생이 20대 중반부터 가장 자주 들었던 말은 모질고 독한 놈, 이었다. 세상에 나왔고 욕심에 비해 능력은 한없이 부실했으며 그 무능을 다른 것으로 보충해야 했다. 아마 그게 모질고 독함이었던 것 같다.

눈물을 보이는 건 패배를 승인하는 것이었다. 소생뿐 아니라 대부분의 한국 남자들이 그렇게 전쟁 치르듯 사회생활을 시작한다. 그 시기에는 주변을 둘러보면 남자는 딱 세 종류다. 부러운 놈, 한심한 놈 그리고 자기가 한심한 놈인지도 모르는 놈. 이미 스타트 총성은 울렸고 그중 하나에 들기 위해 사생결단 달리다 보면 어느 순간 숨이 차기 시작한다. 고개 숙여 명찰을 보니 '중년'이라고 적혀 있다. 생리적인 변화는 눈으로 가장 먼저 온다. 침침하다. 눈은 마음의 창이라니까 창문에 금이 간 것이다. 맥을 짚어보니 남성 호르몬 대신 난데없이 여성호르몬이 흐르고 있다. 우울해진다. 가슴 속에서 눈물이, 그동안 꾹꾹 밟아놓았던 눈물이 터지기 직전이다. 울까 말까. 우는 게 좋다고 한다. 핑계 잘 골라 우는 게 정신 건강에 무지하게 좋다고 한다. 사실이지만 딱 거기까지고 전혀 권장할 일이 아니다. 해 질 무렵 사무실 창밖 노을을 보며 눈물을 글썽여 보라. 명퇴할 때 됐다고 아예 광고를 하시는구먼 뒤에서 수군거린다. 들을 소리라고는 머저리 병심 소리밖에 없다. 오타가 아니다. 몸에 병이 들어서 병신이고 마음에 병이 들어서 병심이다. 병심은 병신보다 더 대접을 못 받는다. 사람이 못나가지고 쯔쯔 혀를 찬다. 친구들에게라면 더더욱 하지 말아야 할 일이다. 그 자식 이상해졌어 소문 돌아 동창회 나가면 슬슬 피하고 결국에는 눈총 맞아 죽게 된다. 그러니 울고 싶다면 혼자 울어라. 강변북로 타고 퇴근하다가 라디오에서 이문세 노래 나오면 세워놓고 혼자 울어라. 눈물보 터트리겠다고 작심한 영화들이 있다. 어둠 속에서 혼자 울어라. 눈물을 절대 공적인 영역으로 끌어내지 말라.

눈물이라는 단어가 들어간 유명한 책 두 권이 있다. 하나는 시인 함민복의 《눈물은 왜 짠가》 다른 하나는 조선 후기 문인이었던 심노승의 《눈물이란 무엇인가》이다. 함민복의 눈물은 가난의 미학이니 갈래가 조금 다르다. 심노승의 눈물은 사별한 아내를 두고 흐르는 것을 통찰한 것이라 참고할 만하다. 이렇게 시작한다. "눈물은 눈에 있는 것이냐 마음에 있는 것이냐." 한국 중년의 눈물은 마음에 있다. 그래서 위험하다. 울지 마 울긴 왜 울어 그까짓 것 미련 때문에. 유행가 가사처럼 인간은 미련해서 운다. '미련이 남아서' 할 때의 그 미련이 아니라 '미련을 떤다' 할 때의 그 미련이다. 마음을 다잡고 초심으로 돌아가라. 울어서 얻을 것은 모래요, 참아서 얻을 것은 태산이다. 남자, 그렇게 태어나 그렇게 살다 죽는 게 운명이다. 심성을 냉소적으로 개조하면 눈물은 저절로 들어간다. 혼자 울거나 그게 싫다면 차라리 읽어라. 뭘 읽느냐면 인간 존재, 삶의 허망함에 대해 쓴 책이다. 가령 쇼펜하우어, 나쁘지 않다. 세상은 황야이고 나는 그곳에 혼자 서 있다고, 가족이라는 건 다 환영일 뿐이라고 자기 암시를 주다 보면 감정선이 다시 딱딱해지는 효과 있다.

한국 사회, 이상하게 어젠다 하나 설정되면 우르르 몰려가는 경향이 있다. 이제는 중년 남성이 울어야 할 때? 사회적으로 억압된 것이 남성의 눈물? 딱히 동의하지도 않으면서 덩달아 맞아, 맞아 하는 건 정말이지 줏대 없고 바보 같은 짓이다. 당장 죽는 것도 아닌데 울긴 왜 울어.

이상한
조류의 나라

가정家庭은 영어로 home, family 두 개를 다 쓰지만 가족家族은 family
하나만 쓴다. 그러니까 식구食口가 집에 한 명 이상 들어가 있어야 비
로소 가정이 이루어지는 셈이다. 반대로 말하면 식구가 빠져나오면
그때부터는 가정이 아니다. 이 빠진 가정이 늘고 있다. 기러기 아빠에
이어 펭귄과 독수리가 등장했다. 기러기 아빠는 다 아실 거다. 1~2년
에 한 번 자녀를 만나러 간다. 독수리는 유학 보낸 자녀와 부인이 보
고 싶으면 언제든지 날아가는 아빠다. 당연히 위엄도 있다. 펭귄은 기
러기 아빠 중 제일 아래 등급이다. 부지런히 학비와 체재비를 대는데
정작 본인은 날아가지 못한다. 날아가지 못하는 것보다 더 슬픈 건 뒤
뚱거리는 거다. 꾸려가는 삶의 목표는 겨우 넘어지지 않는 거라니 눈
물이 난다.

　결혼하고 시간이 좀 흐르면 흔히 애 때문에 산다고 말한다. 아이는
데면데면하게 살아가는 남편과 아내를 잇는 끈이다. 그 끈이 이제는
남편과 아내를 갈라놓는다. 가정은 두 개의 가족으로 쪼개진다. 정확

히는 혼자 남은 누군가와 둘 이상의 구성원으로 된 또 누군가의 가족이다. 이런 비정상적인 삶이 하나도 이상하게 받아들여지지 않는 것이 지금의 한국 사회다. 가끔 날아간 가족이 돌아오지 않기도 한다. 그곳에서 다른 구성원을 받아들여 새로운 가정을 이루기도 한다. 가까이 있어야 가족이다. 보고 만져야 가족이다. 몸이 떨어져 있으면 자연히 마음이 멀어진다.

예전에는 회사에서 제일 싫어하는 상사가 머리 나쁘고 부지런한 상사였다. 이제는 일등이 기러기 차지란다. 퇴근해 봐야 갈 곳이 없으니 사무실에서 계속 미적댄다. 정시에 퇴근하는데도 눈치가 보인다는 것 정도는 애로 사항도 아니다. 같이 놀자고 정확히는 놀아달라고 하는 통에 보통 곤혹스러운 게 아니란다. 저녁 먹어 주고 당구 쳐 주고 가끔 술도 마셔 주고 덩달아 저녁 시간이 어수선해진다. 꿋꿋하게 잘 버티는 혼자 잘 노는 기러기도 있다. 보기만 그럴 뿐이다. 새벽에 몰래 울고 밤에 들어와 또 운다. 사는 게 대체 무슨 의미인가 우울증이 든다. 아이 때문에 죽지도 못한다. 살아서 좀비처럼 살아간다.

주변에 기러기가 꽤 많다. 마누라와 애들이 없어 하루하루가 너무 편하고 좋다는 이상한 기러기도 있다. 그러나 정말 소수다. 힘들어 한다. 우스운 이야기를 하다가도 잠시 말이 멎었을 때 눈가에는 공허가 스친다. 남자는 남자가 힘들어 할 때를 안다. 여자들은 잘 모른다. 꼭 안구에서 뭔가 흘러나와야 우는 게 아니다. 마음으로 울 때가 진짜 슬프고 답답할 때다. 기러기들은 자주 운다. 기러기가 어떤 소리로 우는지 알지 못한다. 그러나 그게 세상에서 제일 슬픈 울음소리라는 것은 안다.

같이 살지 않으면 가족이 아니다. 그런 건 그냥 인연因緣과 혈연血緣이라고 부른다. 아내는 남이니까 인연이다. 자식은 천륜으로 피를 나누었으니 혈연이다. 가족도 아니면서 가족처럼 부담은 여전한 채로 산다는 건 자기 삶에 죄를 짓는 거다. 유학생들의 연령이 자꾸 내려간다는 보도를 들을 때마다 귓가에 기러기 우는 소리가 들리는 것 같다. 기회 있을 때마다 불러들이라고 그냥 되는대로 살라고 하지만 마음먹고 나간 것이니 쉽지 않다는 답만 돌아온다. 나는 나중에 그 가족이 온전히 결합하리라고 믿지 않는다. 인생의 중요한 시기, 부모와 친밀감을 쌓아야 할 시기를 놓쳤으니 그런 감정이 생길 리가 없다. 아이들 잘되라고 보냈는데 정작 아이는 아빠가 멀기만 할 거다. 지금 한국 사회는 이상한 조류 동물원이다. 다양한 새 대신에 독수리, 펭귄, 기러기 떼만 왕창 모여 있는.

점심을
굶어 보라

가계가 어려운 것도 아니고 의류 업계가 죄 부도난 것도 아닌데 옷장을 아무리 뒤져도 꺼내 입을 옷이 없다. 몸매 탓이다. 어깨는 좁고 허리는 풍만하다. 팔다리는 가늘어 눈사람에 꽂아놓은 막대기 같다. 누가 봐도 잘빠진 한 마리 물범이다. 이 체형에 옷을 걸쳐 놓는 것 자체가 불행이고 재앙이다. 얼마 전 친구를 기다리다가 기겁을 했다. 반갑다고 손을 흔들며 다가오는데 웬 이불 보따리가 굴러오는 줄 알았다. 세계에서 제일 옷 못 입는 남자가 한국 남자란다. 풍만해서 그렇다. 몸이 펑퍼짐하면 아무리 좋은 옷을 입어도 태가 안 난다.

살 빼려면 보통 저녁을 굶으라고 한다. 다이어트를 실패로 몰고 가는 지름길이다. 점심 먹고 저녁을 건너뛰면 다음 날 아침까지 무려 열여덟 시간이다. 밤은 길고 스포츠 중계는 내리 이어지고 야식집 전단은 빠지지 않고 들어온다. 스트레스만 쌓인다. 하루이틀 낑낑대다가 포기하고 분풀이로 며칠 폭식한다. 애초부터 불가능한 조건으로 출발했으니 사흘이면 많이 간 거다. 저녁을 굶다 실패하는 건 소생이 보기에 학생이 수학이 싫어 학업을 포기하는 것과 함께 양대 진리다.

　소생이 추천하는 다이어트는 점심을 굶는 거다. 첫날 두 시쯤 되면 현기증과 빈혈 증세가 몰려온다. 걱정할 것 없다. 몸이 투정부리는 거다. 절대 안 쓰러진다. 일주일만 지나면 희한하게 허기가 사라진다. 어지러운 증세도 없어진다. 대신 두 가지 유쾌한 변화가 생긴다. 일단 점심에 뭐 먹지 하는 고민이 사라진다. 둘째로 식곤증에 따른 불쾌감이 없어진다. 실행도 쉽다. '오늘 속이 좀 안 좋네' '약속이 있는데' 같은 핑계로 얼마든지 가능하다. 속이 편하니 마음도 편하다. 남는 시간 안 보던 책도 보고 음악도 듣게 된다.

　처음에는 저녁이 기다려진다. 오후 네 시부터 시계만 본다. 아귀처럼 마구 퍼먹을 것 같지만 실제로는 그렇게 많이 안 들어간다. 며칠 더 지나면 점심 굶은 게 아까워서 오히려 정량을 지키게 된다. 사람들은 얻는 것보다 잃는 것에 민감한 법이다. 이렇게 보름만 하면 요술처럼 아랫배가 들어간다. 혁대 구멍 하나를 번다. 한 달이 지나면 아무리 저녁을 많이 먹어도 아침에 배가 안 나온다. 몸에 틀이 잡혀서 그렇다. 구멍 두 개 돌파다. 소주 한 병에 삼겹살 1인분이면 1100칼로리 정도다. 된장찌개나 뭘 더 먹어도 2000칼로리 남짓. 성인 남성 1일 권장 칼로리가 2500칼로리이고 아침에 보통 500칼로리 미만을 먹기 때문에 합산한 수치로도 2500칼로리에 미달이다. 술 안 마시고 밥만 먹으면 바랄 것 없이 우아한 계산이 나온다.

　이 가을, 굶자. 새 옷을 사야 하는 부담이 생기기는 하지만 쇼핑이 얼마나 즐거운 일인지 알게 된다. 도시의 쓸쓸한 야경을 배경으로 근사하게 서 있는 당신, 남자의 모습이 보고 싶다.

사족 두 개.

물만 마셔도 살이 찐다고? 당신이 무슨 식물인가. 그건 초능력이다. 거짓말하지 말자.

이 글은 주변 몇 사람 임상 시험에 근거했다. 의학적인 딴죽 정중히 사절한다.

나이키 운동화

미치도록 신고 싶었다. 옆구리에 착 달라붙은, 승리의 여신인 니케의 날개를 형상화했다는 날렵한 마크. 뭉툭하지도 뾰족하지도 않아 중용의 덕을 실현한 신코. 그리고 최신 스포츠 과학이 떠받치고 있는 우레탄 소재의 와플 밑창. 그것은 맨발의 마라톤 영웅 비킬라 아베베의 발을 감싸도 소홀하지 않을 유일한 신발이었다. 그리스 신화의 신들에게도 신이 있었다면 이 신 말고 다른 신은 아니었을 것이 틀림없는 신화적인 신발이었다. 사람을 보면 발부터 눈에 들어왔다. 세상에는 딱 두 종류의 사람이 있었다. 나이키를 신은 사람과 그렇지 못한 사람. 선조들의 통찰에 절로 무릎을 쳤으니 아아 신언서판.

어머니, 신발을 사고 싶어요. 지금은 맨발로 다니냐. 그게 아니라 좋은 신을 신고 싶어요. 내가 너라면 그 성적표 가지고 차마 부모에게 그런 소리 못한다. 다음 시험에서 20등 올릴게요. 흥, 그래 봐야 40등이네. 흑흑, 어머니는 저를 사랑하지 않는 것이 틀림없어요. 사랑 같은 소리하고 있네. 먼저 사람부터 돼라. 어머니, 저는 가난이 싫어요. 나는 네가 싫다.

　돈이 필요했다. 아쉬웠지만 학업과 경제활동을 병행할 수는 없었다. 가출을 했고 짜장면집에 취직을 했다. 주방에 쪼그리고 앉아 양파를 까며 이런 노래를 불렀다. 지나간 세월을 뒤돌아보니 피눈물 장마가 눈앞을 가려. 정말로 눈물이 났다. 자식이 뭔지 어머니가 친구를 통해 항복 선언을 전해왔다. 신발 사놨으니 돌아와라. 가출 이틀째였고 짜장면집은 동네에 있었다. 정말 마루에 신발이 놓여 있었다. 어디든 데려다 줄 것 같고 승리를 보장해줄 것 같은 그 당당한 풍채에 목이 메었다. 새 신을 신고 뛰어 보자 팔짝. 뛸 때마다 머리가 하늘을 찧는 꿈 때문에 잠을 설쳤다. 81년 겨울, 중학생이 누릴 수 있었던 적정 행복.

　그러나 그 신발을 오래 신지는 못했다. 오래는커녕 딱 하루였으니 동네 노는 형들이 야아, 이거 어제 내가 잃어버린 신발과 똑같네, 하며 바꿔 신고 가버린 것이다. 분해서 자다가 벌떡벌떡 일어났다. 나쁜 생각 끝에 같은 방법으로 신발을 확보하기로 결심했다. 밤이면 집 근처 석촌호수를 배회하며 발 크기가 비슷한 대상을 물색했다. 나이에 비해 발이 컸던 탓에 같은 문수를 신은 사람은 어른밖에 없었다. 좌절 끝에 병이 깊어졌다. 그때 알았다. 소중한 외투를 빼앗긴 끝에 화병으로 죽어 귀신이 되어 나타난다는 내용의 단편 소설, 고골의 《외투》가 환상문학이 아니라 리얼리즘 문학이라는 사실을. 대문호 도스토옙스키는 이렇게 말했다. "우리는 모두 고골의 외투에서 나왔다." 혹시 이 사람도?

그 뒤로 그 신발을 신어 볼 기회는 없었다. 대학에 가서는 '미제'라는 이유로(아잇 짜증나 80년대!!) 졸업하고는 운동화 대신 구두를 신어야 했기에. 자동차 트렁크에서 신발 박스 하나를 발견했다. 한 달 전인가 디자인이 예쁘다는 이유로 충동적으로 구매한 것을 까맣게 잊고 있었다. 개구리는 아니지만 신발 한 켤레 때문에 세상을 다 얻은 것 같았던 시절도 있었는데. 우리 국민들의 15년간 소득은 1.8배 올랐지만 삶의 질 상승은 1.3배에 그쳤다고 한다. 어이구 생각보다 많이 올랐네. 소득 말고 삶의 질 상승 말이다. 그렇게나 우리가 행복해진 줄은 몰랐다. 그런데 왜 이렇게 감흥이 없지. 왜 하나도 안 즐겁지. 요즘 어때요, 누가 물으면 나는 침통하게 이렇게 대꾸한다. 행복해요. 댁은?

직장의 신

김병만을 스타로 만든 건 개그 프로그램의 '달인'이라는 코너였다. 매주 일반인이라면 엄두도 못 낼 미션에 도전해서 감탄과 웃음을 선사했는데 소생이 그 코너에서 본 것은 신자유주의의 노골적인 프로파간다(선전)였다. 끝없이 이어지는 자기 개발과 도전이야말로 신자유주의가 요구하는 대표적인 덕목 아니던가. 박수를 보낸 방청객들은 그 불편한 진실을 알고나 환호했는지 모르겠다.

트렌드에 둔하고 게을러서 드라마 〈직장의 신〉을 뒤늦게 봤다. 소문은 일찌감치 들었으나 평생을 비정규직으로 살아서 그런지 빡하게 느껴진 까닭도 있겠다. 봤더니 이건 '달인'보다 한 수 위의 신자유주의 드라마 아닌가(좌파 매체들도 이 드라마를 칭찬하던데 대체 뭘 보는지 모르겠다).

주인공 미스 김의 스펙은 어마어마하다. 사무에 필요한 워드프로세서 자격증은 물론이고 한식·양식·일식·중식 조리사 자격증에 중장비 기사 자격증까지 무려 124개라니 거의 카탈로그 수준이다. 이런 만능의 을이 정규직을 고집하지 않고 자발적으로 비정규직을 택해 준다면 기업의 입장에서는 그 이상 고마울 일이 없겠다(유식한 말로 노동시장 유연성).

드라마 속 비정규직의 이야기는 그저 양념이다. 프리랜서 '수퍼 우먼'을 현실 세계에 접붙이기 위한 장치일 뿐이고 비정규직의 비애라기보다는 제발 '착취'를 당하게 해달라는 88만원 세대의 절규에 가깝다. 드라마는 끊임없이 암시하고 주문한다. 살아남고 싶다면, 성공하고 싶다면 죽어라 노력해서 더 나은 스펙을 확보하라. 〈직장의 신〉은 직장에서 '신'이 되고 싶다면 그녀처럼 되라는 끔찍한 미션이 펼쳐지는 드라마다. 아니면 서글픈 현실을 감수하든가.

이 헐렁한 드라마를 꾹 참고 몇 회 연달아 본 것은 미스 김 역의 김혜수 때문이다. 팬은 아니다. 그러기는커녕 몇 년 전 스포츠신문에 칼럼을 썼다가 그녀의 소속사로부터 항의를 받은 적도 있다. 영화 〈바람난 가족〉에서 문소리가 맡은 '호정'이라는 역할은 한국 영화사에서 전례를 찾기 힘든 멋지고 쿨한 캐릭터다. 원래 이 역할의 주인공은 김혜수였다. 아마 노출 때문에 고사한 것 같은데 각종 시상식에는 아슬아슬하게 입고 나오면서 영화에서만 유독 꺼리는 이유를 알 수 없었고 그래서 슬쩍 꼬집었다. 영화배우라고 하기엔 도대체 뾰족한 대표작도 없는데 다른 연기자들을 다 몰살시키고 단독으로 뜰 만큼 강한 캐릭터를 피해 간 김혜수에게 심심한 위로를 보낸다 운운하면서(화날 만한가?).

김혜수의 화면 장악력은 대단했다. 도무지 합쳐지기 어려운 만화 같은 모습(직장)과 트라우마 있는 내면(바)의 조화에서 그녀는 성공했다. 상처라는 설정만 있다고 다 되는 게 아니다. 내면을 온전히 담아낼 수 있을 때, 그걸 디테일로 살려낼 수 있을 때 시청자의 지지가 생긴다. 연기 지침 중에 '눈을 뜨고 울어라'라는 게 있다. 그래야 그 눈물이 보는 이의 가슴을 치기 때문이다. 이번에 하나 새로 배웠다. 눈을 뜨고 우는 것보다 더 파괴력이 큰 것은 울음을 참는 거다. 김혜수는 울지 않았고 울기 직전의 눈으로 그걸 다 표현했다. 이상하게 들릴지 모르지만 그녀가 아름답다는 사실도 처음 느꼈다.

〈직장의 신〉에는 또 하나의 불편한 진실이 들어 있다. 입사 동기지만 승승장구하는 황 부장과 정리해고 대상인 고 과장은 이기적이고 뻔뻔한 장규직(오지호 분)과 인간적이고 따뜻한 무정한(이희준 분)의 미래다. 결말은 별로 궁금하지 않다.

지루한 놈

90년 대 중반 무렵 궁합 맞는 후배 둘과 '십오야 노동해방 문예창작단'이라는 조직을 꾸렸었다. 노동해방이라니까 살벌하게 붉은 머리띠 떠올리시는 분 있겠지만 전혀 아니고 그냥 책 팔아 돈 많이 벌어 이 지긋지긋한 노동에서 해방되자, 는 의미였다. 오로지 재미 위주의 대중소설을 추구했고 나 상처 받았어요 징징대는 내면의 문학이나 19세기 고루한 창작법에서 탈출하지 못한 이른바 순수문학입네 하는 것들을 경멸했다. '고상한 척하면 쏴버리고 싶다, 괴상한 척해도 쏴버리고 싶고 재미없는 이야기를 늘어놓아도 쏴버리고 싶다.' 당시 우리 슬로건이자 강령이었다. 아이디어 회의를 하다가 후배 중 누구라도 맹탕인 의견을 내 놓으면 이렇게 쏘아주곤 했다. "지루한 놈." 진부와 지루, 당시 세상에서 우리가 가장 치욕으로 여기던 말이었다. 어느 날인가 회의의 끝에 또 지루한 놈, 하고 면박을 주는데 항상 벌게지던 얼굴이 이번에는 실실 웃었다. "형, 그 지루하다는 말, 좀 지루하지 않아요?" 지루라는 단어는 그날로 사어死語가 되었다. 궁리 끝에 너는 그냥 공무원이나 해라, 같은 표현이 등장했지만 연달아 쓰기에는 좀 지루해서 안광眼光을 쏘는 일로 징계를 대신했다. 군율과 행정이 로마 군단만큼이나 명료했던 당나라 군대를 콩가루 군대의 대명사로 오용하는 것처럼 이 표현이 사뭇 잘못된 것이라는 사실은 나중에 알게 된다. 공무원들을 만나 대화를 나눠보면 깜짝 놀란다. 그 어떤 걸 물어도 그건 이래서 안 되고 저건 이런 단점이 있고 조금의 막힘도 없는 데다 내 머리에서는 결코 떠올릴 수 없는 경우의 수까지 미리부터 실패 사례로 들어 할 말을 잊게 만든다. 정말이지 대단히 창의적으로 통속적이고 해박하게 고루한 분들이다. 한국 문학계를 위해 참으로 다행히도 조직은 해산했고 이후 3인방은 참 지루한 10년을 보냈다. 학교로 돌아갔고 직장에 들어갔으며 결혼을 하고 아빠가 되었다. 그리고 알았다. 진부와 지루보다 더 무서운 것이 반복되는 일상이라는 사실을.

10년이라. 강산이 바뀌는 것 따위가 어찌 인간 심성의 변화에 미치겠는가. 하는 짓이 전교조보다 더 좌익적이었던 후배는 사람답게 산다는 것이 어떤 것인지 고민하는 학생들을 놓고 이렇게 말한다. "지들이 진짜 인간인 줄 알아요." 학생이 가출하면 출석부에 빨간 줄을 긋는 대신 수업 작파, 일단 찾아 나서고 보던 스승님과 이 인간이 같은 종자인지 의심스럽다. 남자 '미스 김'이라 불러도 손색없을 만큼 매사 칼날 같았던 또 한 후배는 개인 약속 있는 퇴근 시간에 사장이 붙잡으면 이런 게 다 사회생활 아니겠어? 마주 앉아 말동무 해주는 자기 설득의 달인이 되었다. 해마다 강의 커리큘럼을 바꾸지 않으면 무슨 큰일이라도 나는 줄 알았던 인간은 작년에 이어 올해 똑같은 강의 계획

안을 제출했다. 지겨움 속에서 인간은 멍해지고 반복 속에서 바보가 된다. 내년이면 창단 15주년이다. 창단 직후《총 없는 마피아》라는, 시대를 앞선 해커들을 다룬 집체 소설을 냈다가 참패했다. 도색적 낭만주의를 표방했던《선데이 서울》이라는 원고는 15년째 잠자고 있다. 전화를 돌려 "얘들아, 스필버그가 그러는데 남자의 창의성이 절정에 이르는 시기가 40대 중반이래." 꼬드겨보고 싶다. "미국에서나 그렇겠죠." 혹은 "누구세요?" 같은 반응이 나올 확률이 90퍼센트겠지만. 죽음은 타성의 결과다. 마셔서 죽고 피워서 죽고 멍해진 끝에 죽는다. 선배들도 할아버지도 이러다 죽었을까. 죽음보다 죽음의 까닭이 더 두려운 요즘이다.

속도와의
싸움

우리 아이들이 드디어 매주 이틀을 놀게 됐다. 교사도 놀고 부모도 놀고 학생도 놀고 다 좋을 줄 알았는데 그게 아니다. 눈치 빠른 사교육이 먼저 '선방'을 날린다. 금요일 오후에 입교해서 일요일 저녁에 나오는 2박 3일짜리 단기 학습 능력 강화 코스로 불안 심리를 자극한다. 국제중, 외고 가는 거 이런 데서 갈리는 겁니다. 어지간히 간 큰 부모 아니면 외면하기 어렵다. 애들은 그렇게 키우면 안 돼, 하며 나름 의식 있는 부모들은 아이들과 산으로 들로 나간다. 호연지기를 길러준다며 밤샘 등산을 기획하기도 하고 험한 세상을 살아가려면 극기 훈련이 필요하다며 해병대에 끌고 간다. 실은 부모도 귀찮고 아이들은 골병이 든다. 차라리 토요일에 학교에 가는 것이 나을 뻔 했다.

어른들의 세계에서는 '피로 사회'와 '러쉬rush'가 충돌한다. 한병철 카를스루에 대학 교수가 쓴 《피로 사회》는 넌 할 수 있다며 스스로 착취한 끝에 현대인은 피로하다는 주장을 편다. 긍정주의 성공신화에 대한 경고인 셈이다. 반대편에는 토드 부크홀츠의 《러쉬》가 있다. 행복해지고 싶다면 경쟁하라는 도발적인 주장을 내놓았다. 스트레스는 우리에게 이롭고 은퇴를 하는 순간부터 둔해지며 인간은 경쟁과 도전을 즐기기 때문에 경쟁은 행복에 이르는 길이란다. 둘 다 부담스럽다. 일은 하고 싶지만 피 말리는 경쟁을 하며 뼈 빠지게 일하고 싶지는 않다. 그렇다고 쉬엄쉬엄하기에는 미래가 불안하다. 한쪽에서는 쉬라고 하고 한쪽에서는 더 달리라고 하고. 왜 우리는 항상 이런 극단의 선택에만 놓이는 걸까.

속도 때문이다. 세상이 갈수록 빨라지기 때문이다. 그런데 이 빠른 세상은 바로 우리가 만든 것이다. 오래전도 아니다. 20년 전에는 거래처에 뭔가를 전달해야 했을 때 직접 들고 가야 했다. 가고 오고 그리고 만나 차 한잔이라도 마시는 사이 반나절이 지나갔다. 이때 등장한게 택배다. 내일 처리해도 되는 일이 오늘 오후에 처리해야 하는 일로 바뀌었다. 생산성과 관계된 이야기를 하자는 게 아니다. 빨라지는 경향에 대한 것을 말하는 것이다. 출발은 대략 에디슨이겠다. 그는 전구를 발명해서 인간의 밤을 해방시켰다. 물론 그 전에도 초를 켜는 일은 있었겠지만 상시 야간 활동이 가능할 정도는 아니었다. 밤을 해방시켰더니 밤은 인간에게 일을 시켰다. 인터넷 덕분에 우리는 휴가를 가서도 일할 수 있게 되었다. 위치 추적도 되니 거짓말도 안 통한다. 여보세요, 여보세요 안 들려요~ 전화기를 흔들다가 전원을 슬쩍 꺼버리는 테크닉 이제는 안 먹힌다. 재미없는 세상이 되었다.

제목이 잘 기억나지 않는 영화 한 편이 생각난다. 가족 여행 와서까지 회사 일을 하는 아들에게 짜증을 내며 아버지는 스마트폰을 바다에 던져버린다. 얼마나 중요한 인수합병이 진행 중인 줄 아느냐고 아들은 길길이 날뛰지만 그리고 침수된 전화기 대신 새 전화기를 구해보려 백방으로 노력하지만 결국 포기하고 그러다가 가족이 화목해 진다는 이상한 줄거리다. 속도와의 싸움을 그린 작품이다. 대부분의 영화는 현실과 다른 결말 내기를 좋아한다. 불편한 진실 대신 따뜻한 거짓을 선택한다. 관객이 그런 걸 좋아하니까. 그런다고 덮어지나. 느리게 살기, 슬로푸드에 아무리 사람들이 몰려도 이미 우리가 살고 있는 이 세상 자체가 빨리 돌아가고 있으니 소박한 자위 이상의 의미는 가질 수 없을 것이다. 시속 300킬로로 달리는 기차 안에서 천천히 움직인다고 달라질 게 없는 것처럼. 뛰어내리자니 불안하고 계속 달리자니 숨차고. 우리가 만든 불행이지만 참 대단한 것을 만들었다. 이번 인류는 이걸 극복하고 새 천년을 맞을 수 있을까. 아니 22세기라도.

아이들은
괴롭다

아이가 떼를 쓰거나 소란을 피우면 엄마들은 대뜸 주변 사람을 동원한다.
"조용히 안 하면 저 아저씨가 이놈 한다."
소생의 경우 그 즉시 아이에게 또박또박 정정해준다.
"아저씨 이놈 안 한다."
대체 그녀들은 왜 자기 아이 교육을 생면부지 남에게 의탁하는 것일까.
그렇다고 아이를 꾸중할 생각이 꼭 있는 것도 아니다.

재능과 재주,
혼동하지 말지어다

윗집 꼬마가 같은 피아노곡을 1년째 치고 있다. 처음에는 풍 맞은 환자가 재활 훈련 삼아 건반을 두드리는 줄 알았다. 우연히 아파트 현관에서 만나 할아버지는 좀 어떠시니 물었더니 저희 집 할아버지 안 계시는데요? 한다.

소생, 어쨌거나 명색이 교육자다. 뛰어올라가 아이를 피아노에서 그만 해방시켜 주라고, 아니 아이에게서 피아노를 해방시켜 달라고 말하고 싶은 것을 간신히 참았다. 아이에겐 시간의 낭비요, 주변에는 소음 민폐요, 피아노에는 보람 없는 마모다. 우리나라 부모들, 자녀의 재능에 참 우호적이다. '애가 머리는 좋은데 노력을 안 해'의 2절인 셈인데 해악은 공부보다 더 심하다. 재능이라는 단어가 그렇게 쉽게 입에 올릴 수 있는 것이 아니기 때문이다.

피아노로 이야기를 시작했으니 그걸로 계속 이야기를 풀어보자. 소생의 피아노 실력은 체르니 30번 수준이다. 지금 그렇다는 게 아니고 정점일 때 그랬다. 그런데 악보를 볼 줄 모른다. 그게 어떻게 가능하냐고? 곡을 듣고 쳤기 때문이다. 집에서 피아노 레슨을 했고 한 일 년 들으니 곡을 다 외울 수 있었다. 그 암기한 것을 피아노 건반에 되는대로 옮겼다. 해서 피아노를 칠 때 소생의 운지는 거의 곡예에 가깝다. 이 얘기를 해주면 대단하다, 천부적이다 같은 반응이 나온다. 그러면 얼마나 좋을까만 그 정도는 그 계통에서는 재능이 아니라 잔재주로 분류된다. 원숭이 수준이란 말씀이다. 재능의 수준이 되기 위해서는 기간이 한 달로 줄거나 손가락이 제대로 레슨을 받은 듯 정상으로 돌아다녀야 한다. 영화 〈아마데우스〉에는 모차르트가 눈을 가린 채 피아노를 연주하는 장면이 나온다. 지켜보던 사람들은 휘파람을 불고 난리지만 알 만한 사람은 다 안다. 악기 연주자에게 눈을 가리고 연주하는 것은 별로 어려운 일이 아니다.

재능을 알아보기 위해서는 그 이상의 재능이 있어야 한다. 재능의 영역에서 하수는 고수를 보지 못한다. 고수의 눈에는 하수가 빤히 내려다보인다. 이렇게 어쭙잖은 글을 쓸 때마다 누군가 킥킥대고 웃을까 봐 등골이 서늘한 이유다. 재능은 노력과 경험의 바깥에 있다.

80년대 초반 고교 기타의 지존이었던 신대철에게는 자리를 위협할 만한 라이벌이 있었다. 신성우 밴드의 리더인 이근상의 형, 이근형이다. 초창기 김종서와 '작은 하늘'이라는 밴드를 하기도 했던 이근형은 국내에서 최초로 바로크 메탈(클래식에 기반을 둔 화려하고 현란한 빠른 기타 연주 스타일)의 '본좌'인 잉베이 말름스틴의 곡을 연주하여 명성을 얻었던 인물이다. 이근형이 했던 고백이 기억난다. "대철이와 함께 기타를 치다 보면 어느 순간 연습만으로는 불가능한 기가 막힌 악절이

튀어나온다." 이근형에게 신대철은 악몽이었을 것이다. 재능이란 살리에리에게 모차르트가 그랬듯 누군가에게 악몽이어야 제격이다. 음악만 그럴까. 글쓰기도 그림 그리기도 영화나 사진도 마찬가지다. 어설픈 재능으로 그 시장에 나갔다가는 압박과 스트레스로 간이 쪼그라들어 결국 제명을 못 채운다. 부모의 역할은 아이들이 재주를 재능과 혼동하지 않도록 타이르는 것이다. 자식들이 단명하지 않도록, 죽어도 그 길을 가야겠다 고집하여 가정의 화평을 얼치기 재주가 깨지 않도록.

아 참, 꼬마가 치는 곡은 크리스마스 캐럴이다. 은혜가 넘쳐 좋기는 한데 4월에는 미치는 줄 알았고 8월에는 영화 OST라고 생각하고 들었으며 12월인 지금 이제야 제철 분위기가 난다. 다가올 내년 봄을 생각하면 좀 두렵다.

공교육 살리는 해법, 교사들을 교실로

개학을 앞두고 학교는 바쁘다. 바쁘긴 바쁜데 좀 이상하게 바쁘다. 한 해의 교육목표를 세우고 공유하고 세부계획을 짜고 뭐 이랬으면 좋겠는데 각종 행정 업무 분장을 하느라 바쁘다. 학교마다 조금씩 다르기는 하겠지만 행정 업무는 대략 이런 것들이다. 교육기획, 교육연구, 교육정보, 생활지도, 특별활동, 진로상담 등등. 그런데 좀 이상하지 않은가. 학교라는 이름에 걸맞은 구체적인 교육 계획이 빠져 있다.

이유는 간단하다. 대한민국 학교는 수업이 아니라 교무 행정 업무를 기반으로 굴러가고 있기 때문이다. 학교에서는 모든 교사가 교무 행정을 담당하는 부서에 소속되어 있다. 극단적으로 말해 교사들은 학생들을 가르치기 위해 학교에 가는 것이 아니라 행정 업무를 보기 위해 출근한다. 말이 행정 업무지 구체적인 내용을 들여다보면 교실에 설치된 DVD 플레이어가 작동은 잘 되는지 TV는 잘 켜지는지 뭐 이런 것을 점검하는 수준의 일이 태반이다.

여기에 현재 대한민국 공교육의 비극이 있다. 우수한 인력을 선발

하여 아무나 할 수 있는 일을 시키는 것이다. 행정고시에 통과한 사람을 동사무소 주민등록 발급 업무에 투입하는 것과 별반 다르지 않다. 고등학교보다 중학교가 심하고 초등학교는 그 이상이다. 중학교 교사들은 행정 업무에 치여 수업을 못할 지경이라고 한다. 이 피해는 고스란히 학생들에게 전가된다.

학교 밖에는 학원이 있다. 교사는 아무나 할 수 없지만 학원 강사는 누구나 할 수 있다. 객관적으로 교사가 강사보다 우수하다. 단, 초기 단계 얼마 동안만이다. 몇 년 지나면 전세는 역전된다. 교사들이 행정 업무에 매진하는 동안 강사들은 잠을 줄여가며 가르치는 방법을 연구하고 또 연구한다. 교사보다 강사가 훨씬 유능해진다. 여기에는 물론 약간의 차이가 있다. 학교에서는 국어를 가르치지만 학원에서는 국어 문제 푸는 법을 가르친다. 시험으로 모든 것을 평가하는 기준에서 공교육은 절대적으로 불리하다. 학원의 비법도 한몫한다.

학원은 반경 15킬로미터 안에 있는 학교의 10년치 시험 문제를 모두 확보하고 있다. 시험 기간이 되면 학원에서는 5배수 정도의 문제를 집중적으로 풀게 한다. 어차피 중요한 것을 시험 문제로 내기 때문에 이 범위를 벗어날 수 있는 시험 문제는 별로 없다. 학생들은 당연히 학원을 신뢰하게 된다. 새로운 유형의 문제나 교육 방법이 등장하면 학생들은 그걸 학원에 가져다주고 학원에서는 문화상품권 등으로 보상한다. 학교가 악순환의 절정이라면 학원은 선순환의 묘미를 보여준다.

대한민국 공교육은 사교육을 절대 이길 수 없다. 현행대로라면 말이다. 방법은 교사들을 교실로 돌려보내는 것이다. 부서도 국어과, 영어과, 수학과처럼 과목별로 나눠야 한다. 그럼 행정 업무는 누가 하느냐. 이게 이번 칼럼의 주제다. 행정 직원을 뽑는 것이다. 다섯 명 내외면 충분하다. 그리고 관리는 교감이 담당한다. 학교에서 교감의 위치는 대통령중심제에서 부통령 같은 것이다. 유고 시 대행인데 유고가 그리 잦을 리 없다. 특별히 하는 일이 정해져 있지 않다 보니 교사들 행정 업무 트집을 잡는 게 교감이 주로 하는 일이다(라고 말하는 사람이 많다).

교사는 수업에 집중하고 교감은 행정 업무를 담당하고 교장은 오랜 교직 생활 동안 구상해온 교육 철학을 구현하는 학교가 제대로 된 학교다. 비용은 어떻게? 줄줄 새는 것이 예산이다. 가령 무상 급식 같은 것. 학교는 가르치는 곳이지 먹이는 곳이 아니다. 나눠준 우유를 학생들은 버리고 간다.

사족 하나.

교육이 공공재라는 통념에서 벗어날 필요가 있다. 다른 사람과 나눠 쓸 수 있는 것이 아니라는 측면에서 교육은 사유재다. 그럼 문제가 간단해진다. 사유재는 시장에서 공급하는 게 맞다. 시장에서 공급받는 것이 어려운 사람들을 돌보는 것이 정부의 몫이다. 우리는 반대로 하고 있어서 문제다. 역할이 뒤바뀐 것이다.

수업의
비극

누구는 교사 생활 20년 만에 처음 매를 든 거라고 했다. 또 누구는 오늘 전교에서 딱 한 명 때렸는데 그게 너라고 했다. 다른 누구는 다시는 체벌을 하지 말아야지 하는 결심이 너 때문에 무너졌다고 했다.

이 세 분의 누구는 전부 소생의 몸 곳곳에 사랑의 매를 실현하신 고등학교 때 은사님들이다. 심각한 문제아 아니었다. 가슴에 손을 얹고 말하건대, 한 놈 제대로 '잡아서' 기강을 세우려 했을 때 하필 때마다 소생이 거기 있었을 뿐이다.

학교에 정이 붙을 리 없었다. 그런데 정말 학교에 가기 싫은 이유는 따로 있었다. 알아들을 수 있는 수업이 하나도 없었다. 아침부터 저녁까지, 수업을 진행하는 선생님과 뒷자리 소생 사이에는 너른 강 하나가 흐르고 있어 선생의 말은 그 물살을 건너오지 못했고 내 눈과 귀는 지식의 작은 파편조차도 받아내지 못했다. 어렵게 말하니까 쓰는 나도 무슨 말인지 잘 모르겠다. 그냥 공부는 못했고 수업은 어려웠다는 얘기다.

화학 시간이었다. 첫 수업에 선생님은 몇 가지 공식을 설명하다가 "이건 중학교 때 배웠지?" 하더니 대뜸 다음 장으로 넘어가 버렸다. 허참. 왜 선생님은 중학교 그 수업 시간에 불운하게도 급성 맹장염으로 결석한 학생이 있을 수도 있다는 가정은 하지 않는 것일까. 두 번째 수업부터는 선생님 말씀이 완전히 외계어로 들렸다. 그렇게 한 학기를 보냈다. 머릿속에 남은 거라고는 H_2O 하나밖에 없다. 그나마도 H가 산소인지 수소인지 헷갈린다. 그런 학기가 무려 여섯이라면 화학에게도 미안한 일 아닌가.

수업 시간 배정이 많았던 수학으로 가보자. 일주일에 3시간 곱하기 4주 곱하기 9개월 곱하기 3년을 하면 무려 324시간이다. 그 시간 내내 소생은 멍하게 창밖만 보고 있었다. 이게 말이 되는 이야기인가. 사람을 '물'로 보는 것도 아니고. 이런 게 진짜 폭력이다. 학생을 전혀 배려하지 않는 최악의 폭력이다.

그래서 제안한다. 학교는 학생에게 수준에 맞는 수업을 허許하라. 별거 아니다. 단순하다. 같은 과목에 난이도가 다른 수업을 여러 개 개설하는 거다. 학생은 첫 시간을 들어보고 더 낮춰 들을지 높일지 결정하면 된다. 한 학기 들었는데 역시 기억나는 건 H_2O밖에 없다면 또 들어도 된다. 무슨 얘기인지 대충 감이 오실 것이다. 학점제다. 제시한 학점만 채우면 졸업을 시켜주는 거다. 큰 틀까지 말하자면 유有학년, 유학급, 유담임, 학점제다. 아침에 조회 마치면 교실을 찾아다닌다. 당연히 종례도 있다. 이렇게 되면 병든 닭 같았던 아이도 능동적으로 변한다. 선택을 해야 하고 책임을 져야 하니까. 공부 잘하는 아이와 못

하는 아이 사이의 위화감이 생길지 모른다고? 그건 학교와 애들을 몰라서 하시는 말씀이다. 서로 다 알고 있는 사실이라 아이들은 그런 일로는 상처 안 받는다. 더 바란다면 과목당 최저 학점 이수제다. 수학이 싫은 학생은 정해진 최저 학점만 들으면 된다. 가령 최저 한 시간, 최대 다섯 시간 뭐 이런 식이다.

위와 같은 계산법이라면 소생은 고등학교 때 108시간만 수학 수업을 들었으면 됐다. 같은 수업을 반복해서 들었을 것이니 지금보다 수학 실력이 나을 것도 틀림없다. 수십 년째, 서울대에 갈 애와 서울에 있는 대학에 갈 일이 당대에는 불가능한 애가 한 교실에서 같은 수업을 받는 무서운 일이 버젓이 벌어지고 있다. 한국이 교육 선진국이라고 결코 말할 수 없는 이유다.

꾸중과 체벌 없이 자란 아이

지하철이나 버스에서 한 번쯤 겪어 보셨을 거다. 아이가 떼를 쓰거나 소란을 피우면 엄마들은 대뜸 주변 사람을 동원한다. "조용히 안 하면 저 아저씨가 이놈 한다." 소생의 경우 그 즉시 아이에게 또박또박 정정해준다. "아저씨 이놈 안 한다." 대체 그녀들은 왜 자기 아이 교육을 생면부지 남에게 의탁하는 것일까. 그렇다고 아이를 꾸중할 생각이 꼭 있는 것도 아니다. 허락 없이 다른 사람이 아이를 타박하면 눈에 쌍심지를 켠다. 소중한 내 새끼한테 당신이 뭔데. 불똥과 광채를 넘어 거의 살기 수준의 안광이 뿜어져 나온다. 그녀의 임신과 출산에 아무 공헌한 바가 없으니 입을 닫을밖에.

휴일, 동네 목욕탕에 갔더니 냉탕이 완전히 아이들 수영장이다. 자식들 귀엽네 하는 생각도 잠시, 풍덩풍덩 몇 차례 다이빙이 반복되니 슬슬 거슬린다. 여기는 풀장이 아니라 공중목욕탕인 것이다. 정의감에 불타는 누구 없나, 보는데… 없다. 하긴 소생 역시 예전 트라우마 때문에 말이 쉽게 안 나온다. "좀 얌전히 굴면 안 되겠니." 했는데 근

85

육질 아저씨가 다가왔다. "우리 애들에게 무슨 볼일 있으쇼." 묻기에 머리를 긁적이며 "아이들이 다칠까 봐…" 말꼬리를 흐렸던 기억이다. 비굴은 짧지만 통증은 길다.

재롱과 소란은 다르다. 씩씩한 것과 무례한 것도 다르다. 아이들이 그걸 알 턱이 없다. 그래서 알려주는 것은 부모의 몫이다. 그런데 그 방법이 참으로 가관이다. 서너 살밖에 안 된 아이에게 식당 예절을 자세히도 설명한다. "여기는 공공장소이고 여러 사람이 함께 이용하고 있으니 너는 반경 1미터 이상을 벗어나 존재감을 과시해서는 안 돼. 그리고 네가 한 번 뛸 때마다 그 충격으로 이 식당 바닥이 0.000025센티미터씩 주저앉으니 건물 주인에게도 경제적인 민폐를 끼치는 것 아니겠니." 이런 걸 코미디라고 부른다. 그 말을 알아들으면 그게 어디 애인가. 다 생략하고 그냥 한 대 때려주면 된다. 아이에게는 식당에서 뛰어다녔더니 엄마가 쥐어박더라, 경험으로 학습하는 것이 빠르고 옳다. 왜 안 되는지는 커가면서 천천히 배우면 된다.

매를 아끼면 아이를 망친다는 생각은 실은 18세기 영·유아 교육론에서 나왔다. 당시에는 교사 부모 합심해서 체벌이 아이가 바르게 자라는 데 꼭 필요하다고 믿었다. 그러니까 소생의 발상은 시대착오적? 거슬러 올라가 아동인권의 개념도 없던 로마 시대에는 오히려 아이들에게 가해지는 체벌을 반대했다. 고금을 관통하는 절대적인 방식도 없고 현대에 가까워질수록 반드시 체벌과 멀어지는 것은 아니라는 얘기다.

꾸중과 체벌 없이 자란 아이의 장래 모습은 두 가지다. 먼저 지적을 못 견디는 품성이 고착되는 경우다. 누가 한마디 하면 일단 발끈하고 본다. 담배 피우지 말라는 어른에게 "사는 게 고달파서 한 대 피우는 거니까 신경 끄고 갈 길이나 가세요." 되받는 중학생은 이래서 나온다. 선생님에게 한 대 맞았다고 교육청에 전화하고 경찰서에 신고하는 고등학생은 이 중학생의 몇 년 뒤 모습이다. 다른 하나는 상처를 못 이기는 경우다. 집에서는 왕이고 공주였는데 세상에 나와 보니 왕은커녕 대부분 '을'이고 '졸'인 대접을 감당하지 못한다. 둘 다 막상막하로 나쁘다. 버릇없는 아이의 뒤에는 생각 없는 부모가 있고 결국 멍드는 건 아이의 미래다.

죄와 벌

영화 〈밀양〉에서 전도연을 회까닥 돌게 만든 건 말 한마디다. 유괴 살
해당한 아이에 대한 충격을 신앙으로 막 극복한 때였다. 멋지게 그 극
복을 증명하고 싶었던 욕구가 화를 불렀다. 가해자를 찾아가 용서하
겠노라고, 잊겠노라고 말하려는 순간 살인자인 웅변학원 원장은 선
수를 친다. "그분이 저를 용서하셨습니다." 그 한마디에 아슬아슬하게
전도연을 지탱하던 마지막 한 가닥은 허망하게 무너진다. 피해 당사
자가 용서하지도 않았는데 저 혼자 회개 끝에 용서가 이루어졌다고?
말은 천 냥 빚을 갚기도 하지만 반대로 천근의 무게로 가슴을 누르기
도 하는 법이다.

패닉 상태에 빠진 전도연은 이후 자기와 상의도 없이 멋대로 용서
해버린 '그분'에게 죽어라 반발한다. 교회 장로 유혹하여 배 위에 올려
놓기, 목사 설교 중에 김추자의 노래 〈거짓말〉 틀기 등등. 혹자는 〈밀
양〉을 반反기독교 영화라고도 하지만 실은 '죄와 벌'에 관한 이야기
다. 우리는 우리에게 죄지은 자들에게 무엇을 할 수 있으며 죄는 어떻

게 사해질 수 있는가에 대한.

항상 비유와 상징으로 이야기를 풀어나간 예수지만 가끔 암시도 있었으니 그 마지막이 십자가 위에서 행한 짧은 가르침이다. 십자가에 매달고 양쪽 무릎 아래 뼈를 부러뜨리면 지탱할 힘이 없어 온몸이 밑으로 처진다. 당연히 숨을 못 쉬고 한 호흡이라도 들이마시려면 못 박힌 손을 축으로 삼아 몸을 끌어올려야 한다(주말 아침부터 끔찍한 이야기 써서 죄송하다). 게다가 죽음이 임박하면 세 치 혀를 들어 올릴 힘도 없는 게 인간의 육신이다. 그 와중에 예수는 말했다. 아버지여, 저들을 용서하소서. 어떤 놈이 오른쪽 뺨을 갈기면 왼쪽 뺨마저 내주라고 했던 평소 가르침을 실천하기 위해서? 소생의 생각은 약간 다르다. 예수는 죄와 벌이 어떻게 마무리되어야 하는지를 넌지시 알려줬다. 피해자인 자신이 가해자를 용서하기 전까지는 아무리 절대자인 그 '아버지'라도 어쩔 도리가 없다는 것을. 용서는 오로지 피해자의 '권리'라는 사실을.

왕따를 당한 끝에 투신한 학생의 빈소에 가해 학생들과 학부모들이 찾아왔다. 학생들은 영전靈前에 국화를 바치고 머리를 숙였지만 빈소를 나오자마자 키득거렸다고 한다. 그 부모들은 더 가관이다. 자살한 학생 자체가 잘못된 애 아니었냐고 수군댔단다. 정상적인 부모라면 영전에서 가해한 자식을 죽도록 패줘야 한다. 네가 때릴 수 없으니 내가 대신 때려줄게. 그리고 바닥이 젖을 때까지 눈물로 빌어야 한다.

패악질의 화룡점정은 '진보 교육감'이란 사람들이 찍는다. 학교 폭력 사건을 학생부에 기재하지 말란다. 그분들에게 댁의 아이가 당했어도 동일합니까, 같은 유치한 질문 안 한다. 사회적 강자인 그분들의 자녀가 당할 일은 절대 없을 테니까. 존중할 가치도 없는 '인권'만 중요하고 면도칼로 영혼을 찢긴 '인간'에 대한 슬픔과 노여움은 없는 분들이니까.

가상으로 영화 〈밀양〉을 찍어봤다. 제가 열심히 회개했더니 용서하셨거든요, 가증스러운 소리를 늘어놓는 인간에게 전도연은 한 방 제대로 날린다. "쳇, 놀고 계시네. 누가 누굴 용서했다고 그러니?" 인간이 살아가면서 가한 '죄'와 받을 '벌'의 총량은 같다. 죄와 벌 엔트로피의 법칙이다. 반드시 돌려받는다. 아니 받아야 한다. 죄와 벌이 합당하지 않은 이상한 세상에 우리는 살고 있다.

학교, 정글을 넘어 지옥으로

그러니까 그 시작은 영화 〈말죽거리 잔혹사〉에서 권상우가 "대한민국 학교 다 족구하라고 해!" 포효하며 교문을 박차고 나가 버린 지 딱 10년 후의 일이다. 더 이상 아이들에게 족구나 시킬 수 없다고 결심한 일단의 선생님들이 모여 1989년 5월 28일 전국교직원노동조합을 결성한 것이다. 소생, 그 소식에 목이 메었다. 공부 못한다고, 집 가난하다고 무시하고 왜 촌지 빨리 안 가져오냐고 닦달하고, 아침에 와이프와 싸우고 나왔는지 손바닥 때릴 일에 손바닥을 휘두르는 감정의 시대는 가고 뭔가 학교에도 멋진 일이 생길 것만 같았다. 졸업하고 우연히 만나 인사를 드렸더니 "누구신가?" 눈을 가늘게 뜨시던 선생님. "저 기억 안 나세요? 예전에 대걸레로…." 하다가 아, 이분에게는 내가 인지 외 대상이었구나 서글픔이 밀려왔던 기억이 떠오르며 더더욱.

결성 당시 불법이라 신분을 밝힐 수는 없었지만 당시 전교조 선생님들을 식별하는 것은 어렵지 않았다. 뒷자리에 앉은 아이들에게 유난히 친절하게 굴면 전교조일 가능성이 높았다. 대학이 인생의 전부는 아니란다, 들판의 이름 없는 풀꽃들이 의미가 있는 것처럼 너희들도 다 소중한 존재야 같은 알쏭달쏭한 멘트를 날리면 백 프로. 20여 년이 지난 지금 전교조는 합법이 되었건만 무슨 까닭인지 선생님들은 명찰 달기를 좋아하지 않는다. 대신 새로운 방식으로 나, 전교조야 힌트를 준다. 수학 시간, 수數의 종류에 대해 선생님이 설명 중이다. "유리수는 분수로 표현할 수 있는 수이고 무리수는 분수로 표현할 수 없는 수란다. 그런데 너희들 혹시 비전향 장기수라고 들어봤니? 자, 지금부터 내가 자세히 설명해줄게." 뭐 이런 식.

얼마 전 전교조 소속 초등교사가 김정일 훈시를 급훈으로 내걸었다. 몰랐다고 한다. 문제의 교사는 전교조 통일위원회에서 활동하면서 북한을 찬양하는 이적 표현물을 소지한 혐의를 받고 있다. '무심코' 고른 문구가 '어쩌다보니' 김정일의 훈시였고 '하필' 이적 혐의를 받고 있는 처지라 삼박자 짝짝짝 맞아떨어지니 억울하기도 하겠다. 답답했던지 이 선생, 전교조에서 발간하는 '교단 일기'인가에서 발췌한 것이라며 변명에 살을 붙였다. 이런 걸 패착이라 부른다. 전교조는 대한민국에서 가장 교육 수준이 높은 노조다. '교단 일기'에 그 사실을 모르고 올려놓았다면 전교조가 바보라는 얘기밖에 안 된다. 문제의 급훈은 지금도 북한 전역에서 멋지게 휘날리고 있으니 말이다. 초등학교 학생들에게 애국가를 적어보라 했더니 100명 중 64명이 1절도 못 썼다고 한다. 부러 안 가르친 것이 아니기를 바라면서 남산 위의 소나무야 미안해요 내가 대신 사과할게.

왕따에 일진에 학교는 정글을 넘어 지옥으로 바뀌는 중이다. 이 지옥에 전교조까지 가세해서 불을 때고 있다면 과장일까. 맞아서 멍든 상처는 바셀린으로 끝난다. 그러나 머리에 심어 놓은 사회에 대한 불만과 내 나라에 침 뱉기 연습을 통한 반민족 의식은 평생을 가면서 한 인간의 품성을 부정적으로 바꿔놓는다. 이런 게 진짜 '골'병이다. 전부가 아니라 일부라는 것 알고 있다. 인간과 침팬지는 1.6퍼센트의 차이로 갈린다. 이 1.6퍼센트를 도려내든지 아니면 뛰쳐나와 1.6퍼센트만 남아 있게 하시기를. 곧 있으면 스승의 날이다. 1.6퍼센트 때문에 스승의 날에서 날이 이 날(日)인지 이 날(刀)인지 헷갈리는 지금 '학부모 방패연대'라도 만들어야 하는 것은 아닌지 머릿속이 어지럽다.

공부의 본질은 복습

다섯 살 먹은 딸아이가 무슨 책인가를 펼쳐놓고 있다. 아이 기특해라 슬쩍 표지를 들여다보았더니 한글 교본이다. 그런데 떡하니 '3세 전용'이라는 문구가 박혀있다. 한숨이 나온다. 다섯 살짜리가 세 살용 책을 보다니 하필 아빠 머리를 닮았네. 그런데 문득, 아니 다섯 살이 무슨 한글 공부를 해? 내자에게 물어보니 심지어 2세 전용 책자도 있단다. 아찔하다.

정부가 선행학습을 사실상 금지했다. 고등학교와 대학교 입학시험이 선행학습을 부추기는지를 평가하고 이를 어기면 학부모와 교육 전문가로 구성된 심의위원회에서 학교에 시정명령을 내린단다. 실은 시일야방성대곡할 일이다. 학생이 공부를 하겠다는데 그걸 하지 말라니. 만방에 알려질까 두렵고 또 두렵다. 아 참, 중요한 전제를 하나 잊었네. 선행학습은 그 대상이 상위 5퍼센트의 영재일 경우에 한해서만 유효하다. 나머지는? 필요 없다. 전혀 필요 없다. 중·고등학교 시절 참 난해했던 주문이 예습 강조, 즉 선행학습이었다. 교실에 들어오는 선생마다 예습을 꼭 해오라고 했다. 이게 말이 되는 소리인가. 어떻게 모르는 것을 미리 공부할 수 있지? 가르치는 입장에서 말하자면 예습을 해오라는 얘기는 선생이 그 과목을 완전히 장악하고 있지 못하다는 증거다. 배울 내용에 대해 깡통인 아이가 수업이 끝나면 그 건에 관해서라면 바로 누군가를 가르칠 수준으로 만들어놔야 그게 선생이고 스승이다.

그리고 중요한 건 예습이 아니라 복습이다. 사람은 무언가를 배운 뒤 10분 뒤부터 잊기 시작한다. 한 시간 후에는 50퍼센트, 하루가 지나면 70퍼센트를 '까먹는다.' 그래도 30퍼센트는 남지 않느냐고? 온전한 내용 30퍼센트를 기억하는 게 아니라 띄엄띄엄 30퍼센트 분량을 기억한다는 말이고 즉 앞뒤 맞춰 제대로 기억하는 것은 하나도 없다는 얘기다.

학원에서는 대부분 선행학습을 시킨다. 심지어 강남의 영어, 수학 전문 학원에 가보면 초등학교 4~5학년 아이들이 고교 수학을 풀고 있다. 선행학습 커리큘럼의 이점은 두 가지다. 하나는 그 효과가 바로 발생하지도 않고 현재의 성적에 영향을 주는 것도 아니니 '면피'의 이익이 있다. 둘은 특별히 교재를 만들고 내용을 개발할 필요가 없다는 것이다. 아, 효과가 하나 있기는 하다. 공부라면 치가 떨리는 증상이 따라온다. 교육 전문가도 아니고 '겨우' 글짓기나 가르치는 당신이 아이의 장래와 맞닿아 있는 중차대한 발언에 책임질 수 있느냐 하신다면 이런 사례 들려드리고 싶다. 학습법을 연구하는 조남호 선생의 조사 결과다. 지난 2000년부터 2007년까지 서울대 입학생 3121명을 상대로 설문을 했더니 대부분의 공부 방법이 복습이었다. 특히 방학 때의 공부 패턴이 달랐다. 서울대생들이 방학 때마다 지난 학기 총정리와 복습에 치중한 반면 일반 학생들은 선행학습과 예습에 매달렸다. 공부의 본질이 기억과 되새김과 보충과 심화 학습이란 말씀이다.

중고생 시국선언이라니요

가족까지 죽이고 나온 백제 5천 결사대를 허물어 버린 건 신라 틴에이저 화랑들이었다. 아버지, 삼촌의 '너는 반드시 뜬다' 꼬드김에 넘어간 화랑들은 죽음의 공포를 잊고 적진으로 돌진했다. 자식을 죽이고 나온 계백이나 죽으라고 자식을 내보낸 김유신이나 정말이지 막상막하로 무서운 인물들이다. 전쟁이 어른들에게 중요한 문제인 것은 알겠는데 아비 손에 죽은 계백의 자식이나 희생타로 나간 화랑들은 대체 무슨 죄일까. 지난 6일 서울 광장에서는 '21세기청소년공동체희망'이란 단체의 주최로 '청소년 시국선언 운동 선포 기자회견'이 열렸다. 앞에 내건 플래카드에 보니 '민주주의를 지키기 위해 한 몸 바칠 각오로 나섰습니다!'라고 적혀 있다. 멋지다 우리 청소년들. 우리나라 민주주의 앞날을 걱정하지 않아도 되겠다 싶었다. 그런데 '21세기청소년공동체희망'라는 단체를 살펴보니 이사장이 이수호 전 전교조 위원장이다. 이수호 씨는 2007년 민노당 홈페이지에 '친북, 좌파 세력의 조직이 전교조요 민주노총이다.'라는 칼럼을 올려 일찌감치 커밍아웃을 실천하신 분이다. 갑자기 그림이 좀 어둡고 불길하게 느껴진다. 에이 설마. 그러나 설마가 사람 잡는다는 속담도 괜히 생긴 것은 아니지 않겠는가. 시계를 좀 돌려보자.

1988년 〈민중교육〉 2권이 나왔다. 3년 전 출간됐던 1권이 다소 선언의 형식이었다면 이 책에서는 구체적인 투쟁 방식이 제시된다. 그 중 눈에 띄는 것이 '고교생학생운동 시론'이라는 제목의 글이다. 요점은 이렇다. '고교생과 교사는 교육민주화투쟁의 두 핵심 세력이며 나아가 고교생은 전체 변혁운동의 대열에 앞장설 수 있는 존재이다. 교사들의 지원이 절실하다. 그것은 고교생 운동을 측면 지원하는 것으로 고교생 활동가의 발굴과 양성 및 고교생 조직화의 토대를 마련해주는 것이다.' 이 계획이 현실이 된 것이 2004년 인천외고 사건이다. 당시 인천외고는 두 명의 전교조 소속 교사를 파면했다. 학생들은 수업을 거부했고 손가락을 물어 기꺼이 혈서를 쓰는 과격파가 등장했다. 무책임하게 어른 싸움에 아이들을 끌어들인 것이다. 당시 전교조 위원장이었던 원영만 씨는 학생들을 '학생 동지'라고 호칭했다.

단체는 얼마 전 '국정원 선거개입 규탄 민주주의 수호 청소년 시국회의'라는 이름으로 간판을 바꿔 달았다. 처음 이름으로 가자니 이 수호라는 꼬리표가 걸렸을 것이다. 현실이 개떡 같은 건 우리가 더 잘 안다. 코 박고 죽어야 할 것은 어른들이다. 고등학생이 현실 정치로 걱정하는 것도 정상이 아니지만 그걸 어른들이 부추겼다면 정말이지 용서받지 못할 일이다. 벌써부터 인터넷에는 '박근혜 부정선거, 고교생들이 목숨을 버릴 각오를 했습니다', 따위의 글이 돌고 '광화문 네

거리에서 우리 다시 한번 만나요' 라는 노래가 배경으로 깔린 동영상
이 떠다닌다. 백번 양보해서 아이들이 제 발로 나왔다는 그 말 같지도
않은 말을 믿어주겠다. 그러니 아이들은 제발 집으로 돌려보내라. 방
패, 인질, 불쏘시개 같은 위험한 역할에서 아이들을 풀어줘라. 교육자
의 양심 같은 건 기대하지도 않는다. 인간의 기본만 바랄 뿐이다. 개
인적으로 만나면 이렇게 물어보고 싶다. 좋니?

진퇴양난

이런 걸 진퇴양난이라고 부른다. 조직이 굴러가자면 식구들을 보호하는 건 기본이다. 보호막이 부실하거나 사후 안전망이 허술하면 조직원들은 하나둘 이탈하고 조직에 대한 충성심은 얕아진다. 그런데 보호를 철회해야 하는 상황이 발생했다. 그것도 조직의 존폐 여부를 놓고. 고용노동부는 근로자가 아닌 자가 가입하면 노조로 보지 않는다는 노동조합법을 근거로 전교조의 노조 규약 개정을 다시 한 번 요구했다. 2010년 7월 최초의 시정 명령 이후 벌써 세 번째다. 문제의 전교조 노조 규약은 '조합원이 조합 활동을 하거나 조합의 의결기관이 결의한 사항을 준수하다 신분 또는 재산상의 피해를 입은 때는 규정이 정하는 바에 따라 조합원 신분을 보장하고 조합원 또는 그의 가족을 구제한다'이다. 시정 명령을 거부하면 법외 노조가 된다. 시정 명령을 수용하면 월 1억 5천만 원 정도를 지원받는다는 30여 명 해직자들의 생계가 막막해진다. 쓰다 보니 진퇴양난보다는 양자택일이 어울리는 것 같다.

보수 언론은 살살 약을 올린다. 2009년 노조 지위를 박탈당한 전국 공무원노동조합의 사례를 들며 압박한다. 고립을 자초하지 말고 지금이라도 조합 규약을 고치라고 권고한다. 수십 명 해직 조합원 보호하려다 수많은 현직 조합원의 이익을 해치는 잘못을 범하지 말라며 충고한다. 보수 언론이 정말로 전교조가 걱정이 되어 이런 처방을 내릴 리는 없으니 아마도 이건 반대로 해석하는 게 나을 듯하다. 즉, 해직 조합원 보호를 위해 명령을 거절하고 전면 투쟁에 나서는 거다. 그런데 잃을 것이 너무 많다. 일단 법외 노조가 되면 조합원 월급에서 원천 징수가 불가능하기 때문에 경제난이 닥친다. 가뜩이나 조합원은 줄고 각종 소송비용은 늘어나 긴축 살림 중인데 말이다. 사무실 지원 등 교과부와 시 · 도 교육청의 지원도 끊긴다. 전부 돈과 관계된 손해다. 그뿐이 아니다. 단체 교섭권이라는 무기도 없어진다. 지부에서 근무하는 전임자들은 다 학교로 돌아가야 한다. 다 꼽다간 이 지면으로는 턱도 없는 유형 · 무형의 손실이 꼬리를 물고 이어진다. 양자택일에 이어 백척간두 추가다.

　전교조는 다른 노동조합에도 해직자가 있다고 주장한다. 맞다. 가령, 현대중공업 노동조합 규약 제8조는 '해고 처분에 불복하여 해고의 효력을 다투고 있는 자는 그 결정이 확정되었다 할지라도 정당한 조합 활동에 의한 해고로 판단되면 대의원회 의결로 조합원 자격을 인정한다' 명시하고 있다. 전교조 해직자는 시국선언 등으로 현재의 처지가 된 사람들이다. 과연 시국선언이 교육자에게 적합한 조합 활동인가. 교육의 중립성 같은 건 고려할 가치도 없다는 이야기인가.

결국 정면 돌파를 결정했다. 지난 달 23일 전교조는 보도자료를 내고 '전교조 제65차 정기 전국대의원대회 결과'를 보고했다. 일단 정권 안보를 위해 이념 공세, 색깔론을 앞세운 공안몰이로 현 정국을 진단했다(준법하게 살라는데 그게 왜 공안몰이에 해당하는지는 잘 모르겠다). 노조 설립 취소가 가시화되면 총력 투쟁을 벌이겠단다. 투쟁의 메뉴는 전국동시다발 거점농성, 지역동시다발 촛불집회, 민주노총-시민사회단체 연대 총력투쟁, 전 조합원 단식 수업, 불퇴근 비상근무, 범국민대회 등이다. 농성, 단식 참 오랜만에 들어보는 단어다. 80년대 생각이 절로 난다. 그런데 지금은 민주화 20년 세월을 보낸 2013년이다. 아나크로니즘(시대착오)이라는 단어는 이래서 없어지지 않나 보다.

정기 전국대의원회의에 참석한 인원은 227명이다. 전교조 전체 조합원은 대략 5만 4천 명 정도로 알고 있다. 227명이 총력투쟁과 전 조합원 단식 수업, 지역 동시다발 촛불집회 같은 무시무시한 방법을 의결했다. 괜히 대의원이냐 하신다면 할 말은 없다. 그러나 상식적인 선에서 볼 때 이 정도 사안이면 조합원 전체 투표 정도의 절차는 밟아야 정상이 아닐까. 그리고 투쟁 방법에 전교조 살리기 1천만 국민서명 운동같이 아름다운 건 왜 빠져 있을까. 존립의 정당성을 증명할 자신이 있다면 국민들의 호응을 빌어 난국을 돌파하는 것이 훨씬 '교육자'스럽지 않을까. 총괄하여 상황은 누란지세다. 반정부 춘투春鬪 개막을 교육 부문에서 보게 생겼다. 이 대목에서 집행부가 아닌 일반 전교조 조합원들의 의견이 정말 궁금하다. 깨질 것인가 깨칠 것인가. 어쩌면 문제의 답과 해결은 그분들의 몫이다.

'안 돼'라고 말해야 하는 이유

미국의 한 식당에서 여섯 살 미만 아이의 출입을 금지했다. 이리 뛰고 저리 달리고 시끄럽고 어수선한 아이들 때문에 즐거워야 할 식사가 불쾌와 짜증으로 범벅된다는 손님들의 불평을 감안해 내린 결정이었다. 매출이 급감할 줄 알았더니 오히려 올랐으며 미국 전역에서 격려의 편지가 쇄도했다. 식당 주인은 이렇게 말했다. "젊은 부부들은 자신들의 아이가 세상의 중심이 아니라는 사실을 모른다." 주인의 말에 한마디 더 추가한다. "젊은 부부들은 자신들이 얼마나 잘못된 방식으로 아이들을 키우고 있는지 모른다. 그리고 자신들이 아이를 소중한 존재로 키우는 게 아니라 소음과 공해의 화신으로 만들고 있다는 사실도." 아이들이 소중한 건 맞지만 그건 잘 자랐을 때의 얘기다. 양적으로 '기르는' 게 문제가 아니라 다듬어 제대로 '키웠을' 때나 그렇다는 말씀이다.

그래서 부모의 역할은 중요하고 또 중요하다. 철학 있는 부모가 아이의 삶을 꽃피운다. 통찰 있는 부모가 아이의 삶을 바르게 이끈다.

그 첫 번째는 아이에게 '안 돼'라고 말하는 것이다. 어떠한 좌절도 없이 아이를 비닐하우스나 동화 속에서 키우는 것은 면역 주사를 생략한 채 아이를 성장시키는 것과 하나 다를 바가 없다. 매몰찬 한마디에 좌절하고 두 마디에 울고 세 마디에 투신하는 아이는 철저히 부모의 작품이다. 그런데 이것은 단지 아이만 피해를 입는 일이 아니다. 가령 아이가 원하는 것을 엄마 아빠가 매번 최우선적으로 여긴다면 가족의 행복에 대한 책임을 아이에게 넘기는 것이다. 그리고 이런 일이 여러 해 반복되면 아이는 사회적 공존의 능력을 발전시킬 수 없다. 이는 부모 자식 관계에도 악영향을 미친다. 결국 최종적으로 위협받는 건 가족의 행복이란 말씀이다.

숙고한 끝에 내린 "안 돼!"는 그 가치와 질량이 다르다. 원하는 것을 모두 받아주는 것은 사랑이 아니다. 모두 받아줄 수 있다면 '사람'이 아닌 것과 같다. 원하지만 절제해야 하는 것을 가르쳐야 올바르게 성장할 수 있다. 아이들은 욕망을 다스리는 법을 배워야 한다. 대형 마트 한가운데서 장난감을 끌어안고 떼쓰는 버릇은 아이의 욕망을 방치한 부모의 책임이다. 이 아이가 그대로 크면 자기 욕망과 현실 사이의 괴리를 메우지 못하고 그 심연에 스스로 몸을 던지게 된다. 이해할 수 없는 것이다. 저것이 왜 내 것이 아닌지 어렸을 때는 말만 하면 당연히 내 것이었는데 왜 이제는 아니지 하면서. 부모가 할 일은 하나밖에 없다. 때려서라도, 욕망을 식혀라. 아이는 죽기 전에 최소한 한 번은 감사할 것이다.

행동이 누적되면 습관이 된다. 습관이 쌓여 인격이 된다. 인격은 운명을 만든다. 영화 〈아이언 레이디〉에 나오는 대사다. 아이의 운명, 부모의 말에 달려 있다. 필요한 때마다 적절히 던져준 "안 돼!"는 아이가 들어야 할 세상에서 가장 소중한 말이다.

4년이라는
시간

부고를 늦게 봤다. 최근 1992년 노벨 경제학상 수상자인 게리 베커 시카고 대학 교수가 83세의 나이로 타계했다. 결혼, 범죄, 교육 등 인간 제반 행동을 경제학의 영역으로 끌어들여 설명한 재미있는 분이다. 알 만한 사람 다 아는 소식에 웬 뒷북이냐고? 게리 베커가 아니라 그가 몸담았던 '명문' 시카고 대학 이야기를 하고 싶어서다. 시카고 대학은 석유 재벌 록펠러가 세운 학교인데 건물 외에는 투자를 안 했던 것 같다. 삼류 대학이었다.

시카고 대학을 바꿔 놓은 사람이 1929년 5대 총장으로 부임한 로버트 허친스다. 그는 대학을 졸업한 지 8년 만인 서른 살에 대학 총장이 되었다. 허친스는 기존의 방식으로 다른 대학들과 경쟁에 나서지 않았다. 대신 그는 학생들에게 고전 백 권을 달달 외우도록 했다. 반발은 엄청났다. 우리의 지능에 걸맞은 도서를 허許하라, 학생들은 비명을 질렀다.

열 권, 스무 권까지는 별다른 변화가 없었다. 쉰 권을 넘어가면서 학교 분위기가 바뀌기 시작했다. 학생들은 질문했으며 토론하고 사색에 잠겼다. 고전 백 권을 지르밟으며 지성의 숲을 통과한 학생들은 열등감을 버리고 자신감을 찾았다. 허친스가 대학 개혁을 시작한 지 85년이 지난 현재 시카고 대학은 85명의 노벨상 수상자를 배출했다.

'우리는 왜 대학에 가는가'라는 다큐멘터리에 등장하는 세인트존스 대학은 학과나 전공이 아예 없다. 커리큘럼이라고는 4년간 고전 백권 돌파가 전부다. 세인트존스 대학 신입생 중 고교 성적이 상위 10퍼센트 안에 들었던 사람은 10퍼센트 내외다. 미국의 명문대 벨트인 이른바 아이비리그에는 상위 10퍼센트 출신이 100퍼센트에 가깝다. 명백하게 우등생들과 열등생들의 경쟁이다. 4년 후 변화가 일어난다. 세인트존스에서는 학자와 사상가들이 쏟아져 나온다. 아이비리그에서는 월급쟁이들이 쏟아져 나온다. 미국 공립학교와 사립학교의 차이는 학비의 고저가 아니다. 공립학교에서는 고전을 거의 읽히지 않는다. 사립학교에서는 고전 읽기의 비중이 대단히 높다. 이유는 간단하다. 공립학교의 목적은 시민이나 노동자를 배출하는 것이다. 사립학교의 목표는 사회 리더의 배출이다. 고전 읽기를 권하지 않는 부모가 있다면 친부모가 맞는지 의심해봐야 하는 이유가 여기 있다. 그런데 4년간 고전을 백 권 읽는 일이 과연 쉬울까. 다큐멘터리에서는 백 권 '을'이라고 했지만 백 권'이나'로 해줘야 양심적이고 올바른 권유다. 1년이면 25권이고 2주일에 한 권꼴이다. 도서 중 헤겔의 '정신현상학'과 '논리학'이 들어 있다. 이걸 2주 만에 읽고 이해하라고? 이런 걸 개가 풀 뜯어 먹는, 아니 풀이 개를 뜯어 먹는 소리라고 한다. 소생에게

세인트존스 대학을 한번 다녀보지 않겠느냐고 물어본다면 당연히 안 간다. 공부하다가 지쳐서 힘들어 쓰러져 죽는다.

이쯤에서 아마 눈치들 채셨을 것이다. 시카고와 세인트존스의 비밀은 '고전'이나 '읽기'가 아니다. 그것은 '4년'이라는 정해진 시간이다. 두뇌는 서서히 나아지지 않는다. 몰입하여 죽기 살기로 그 기간을 돌파하는 어느 시점에서 머릿속에 창의적인 생각이 넘쳐흐르는 전혀 다른 형질의 인간으로 변화하는 것이다. 미 연방수사국(FBI)의 체력 단련장 앞에 이런 경구가 붙어 있다. "상처, 고통, 통증. 이런 것들을 사랑하라." 모르긴 해도 시카고나 세인트존스의 책상 앞에도 비슷한 경구들이 새겨져 있을 것이다. 소생, 거기에 한 줄 덧붙인다. "당신의 인생을 사랑하라."

역사 교과서 논쟁

20세기 한반도를 찾아왔던 가장 급진적인 이념은 무엇이었을까. 마르크스레닌주의? 주체사상? 모택동주의나 트로츠키주의? 답은 자유민주주의다. 1948년 7월 17일에 공포된 제헌 헌법 제1조는 '대한민국은 민주공화국이다'이고 제2조는 대한민국의 주권은 국민에게 있고 모든 권력은 국민으로부터 나온다'이다. 참으로 무시무시한 '선언'이다. 38년 전까지만 해도 지엄한 왕이 다스리던 나라다. 3년 전까지는 섬나라 침략자들이 주인 노릇을 하던 나라다. 백성이 그때까지 본 것은 감히 범접할 수 없고 똑바로 올려다보기도 어려운 절대 권력이었다. 그런데 주권이 자기에게 있고 모든 권력이 자기에게서 나온다니 이 무슨 경천동지할 발언이란 말인가.

입에 올리면 바로 목이 날아갔을 이 발언을 대한민국은 나라의 근간인 헌법 첫 줄에 떡하니 박아두었다. 그리고 우리는 미리 가져다 쓴 이 말에 책임을 지기 위해 무려 40년 세월을 고군분투해야 했다. 유시민의《후불제 민주주의》와 보수 우파인 김세중 교수의《박정희 시대의 산업화 보수주의와 민주주의》는 이 부분에서 의견 일치를 본다. 두 사람 다 기분 나쁠 수는 있겠다. 실은 좀 코믹하다. 산업화가 이루어지기도 전 노동삼권이 먼저 주어졌으니 말이다. 오늘부터 민주주의입니다, 선언하긴 했는데 그게 어디 있는지 무엇인지 아무도 몰랐다.

한반도의 역사는 가난과 불운의 역사였다. 1593년 도요토미 히데요시는 임진왜란 중 명나라에 국서를 보내 조선 분할을 타진했다. "조선 8도 중 남쪽 4도를 우리에게 준다면 전쟁을 그치겠다." 1894년에는 영국 외무장관 존 킴벌리가 청나라와 일본에 서울을 경계로 조선을 나눠 가지면 어떻겠냐고 제안했다. 1896년 일본 특사 야마가타 아리토모는 러시아에 39도 선을 경계로 조선을 쪼개자고 제의했다. 1903년에는 주일 러시아 공사 로마노비치 로젠이 일본에 한반도 분할을 요청했다. 정말 짜증 난다. 우리는 완전히 '밥'이었다. 그리고 우리는 경우의 수 중 최악의 방식으로 쪼개진다. 독일처럼 전쟁에서 진 나라가 동강 나야 정상인데 식민지가 대신 쪼개지고 동족상잔까지 치렀으니 더 이상 불운이 없다. 외세에 '밥'이었던 반면 진짜 '밥'과는 참 거리가 먼 역사였다.

휴전 직후 국민총생산(GNP)은 67달러였다. 우리는 5천 년 내내 가난했으며 30년 전부터 '쪼끔' 산다. 먹고사는 일에서 해방되자 그제야 민주주의가 보이기 시작했다. 슬슬 독재가 불편해졌다. 진짜 내가 주인인지 투표를 통해 시험해보고 싶었다. 그래서 거리로 나왔다. 사실이었다.

가난은 한국인의 DNA다. 유전자는 회귀본능이 있다. 한국 근현대

사는 이 가난한 DNA를 유지, 보수하려는 세력(이게 이른바 '깡통 진보'다)과 그것을 끊어내려는 세력의 대립과 싸움이었다. 이 싸움이 역사 교과서 논쟁이라는 이름으로 전개되고 있다. 5천 년 만에 처음 찾아온 행운이었던 '산업화'를 독재와 탄압과 공포와 강압이라는 이름으로 아이들에게 가르치겠다고 한다. 대한민국 역사 전쟁의 승부는 어디에서 날까. 강단이나 언론이 아니다. 학교마다 학부모가 참여하는 학교운영위원회가 있다. 학교운영위원회에는 교과서 선정 심의 권한이 있다. 전국교직원노동조합, 즉 전교조 교사들이 눈을 부라리는데 긍정의 역사 교과서를 선정할 간 큰 교장 선생님은 없다. 학부모들의 몫이라는 이야기다. 역사 연구와 역사교육은 다르다. 부정적인 역사관을 가진 아이에게 밝고 명랑하며 긍정적인 삶은 절대 주어지지 않는다.

입시철 글쟀기

입시철이다. 사실 입시는 잘 모른다. 워낙 복잡해서 거의 학문의 영역이다. 그중 논술에 대해서 도움이 될까 하여 몇 자 적는다. 전제할 것은 주관적인 글이라는 거다. 사람마다 기준이 다른 까닭으로 다만 참고용으로만 활용하시기 바란다. 논술 채점을 들어가면 딱 세 종류다. 잘 쓴 글, 못 쓴 글, 주제와 무관한 글.

먼저 못 쓴 글이다. 그냥, 못 썼다. 주제에서 동떨어진 이야기를 횡설수설 늘어놓고 있다. 비문과 오문은 기본이다. 처음 몇 줄만 읽어보면 안다. 글쓴이가 평상시 책을 읽는 학생인지 생각은 하고 사는 인간인지 인터넷 댓글 말고 글이란 걸 써 본 종자인지. 이런 건 무조건 50점이다. 두 번째로 주제와 무관한 글이다. 분명 제시어를 주었을 텐데 무시하고 다른 소재의 글을 쓴다. 학원에서 배운 것일까. 무슨 제시어가 나오든 그냥 꿋꿋하게 쓰라고. 이런 글들의 특징은 잘 썼다는 거다. 논리도 정연하고 표현도 좋다. 여러 번 쓰다 보니 아예 외워서 쓴 듯하다. 오해하지 말기를 바라는 건 그렇다고 해서 점수가 좋지는 않다는 것이다. 이 정도 글솜씨면 주제와는 무관하지만 높게 평가해야 하지 않을까요? 채점관들, 절대 이런 생각 하지 않는다. 오히려 괘씸하게 생각하는 분들이 더 많다. 절대 쓰지 말아야 글이다. 점수로는 60점쯤 준다. 마지막으로 잘 쓴 글이다. 두 종류로 나뉜다. 주제를 포용한 것 외에도 글 자체의 완성도가 높은 미문. 다른 하나는 표현은 서투르지만 발상이 좋은 글. 서투르지만 발상이 좋은 글이 더 높은 점수를 받을 때가 있다. 글이야 다듬으면 되지만 생각은 다듬어 줄 수 없기 때문이다. 글짓기가 자신 없으면 발상이라도 독특하게 가야 한다는 얘기다. 대략 90점대에 놓는다. 할당량 200편쯤 읽어봐야 이런 글은 두세 개밖에 없다.

글짓기는 세상을 살아가는 데 아주 중요하다. 사회생활을 하면 매일같이 써야 하는 기획서도 일종의 글짓기다. 구태의연한 표현이나 빤한 발상으로 쓴 기획서는 사회적 생명을 갉아먹는다. 기획서라고해서 숫자와 통계만 등장시켜야 한다고 믿는다면 초보다. '선수'들은 마음을 움직이는 법을 안다. 손에 잡힐 것 같은 사례를 주변에서, 역사에서, 고전에서 가져다 놓은 기획서는 품위가 있다. 위로 올라갈수록 '골빈당'만 살아남는다, 라는 피터의 법칙이 있기는 하지만 다는 아니다. 그리고 중요한 결정은 이 '다는 아닌 소수'가 한다. 최고의 지성과 피 마르는 노력으로 그 자리에 오른 사람은 자기 내공과 어울리지 않는 기획서에 절대 도장을 찍지 않는다.

밋밋하기보다 차라리 편견을 가져라. 그 편견을 상대에게 전달할 수 있도록 풍부한 예시를 들어라. 편견도 모이면 논리가 되고 설득력이 생긴다. 가령 이런 문장이다. "저는 지구상에서 반드시 사라져야 할 세 가지로 ○○교, 인터넷을 꼽습니다." 이렇게 시작한 글이라면 읽힐 공산이 크다. 사람은 심리적으로 반박하고 싶은 글도 끝까지 읽는 이상한 경향이 있으니까. 그리고 마지막은 이렇게 맺는 것이다. "세 번째로 사라져야 할 것은 합격시켜 주시면 뵙고 말씀드리겠다." 채점관들 킥킥 웃을 것이다. 어떤 녀석인지 한번 볼까. 오래전 드라마 창작 회사에 지원서를 냈을 때의 일이다. 자기소개서를 반말로 썼다. 성격은 '잔인하고 섬세한 편'이라고 붙였다. 한번 와보라고 연락이 왔다. 보더니 하는 말이 몇 대 때려주려고 불렀단다. 합격이었다. 그 일이 인생에 좋은 영향을 주지는 않았지만.

한자
교육

지능과 기억력이 경쟁하듯 떨어지는 중이다. 해서 연상해서 무언가를 외우는 것은 필수다. 도광양회. 대국굴기(강대국으로 우뚝 서다)로 자신감을 드러내기 전 장쩌민 시대의 중국이 가슴에 품고 있던 내부 슬로건이다. 이렇게 외웠다. 도다리와 광어 둘 다 회다. 문제가 생겼다. 떠올리긴 했는데 정작 무슨 뜻인지는 기억이 안 난다. 한자를 같이 외우지 않아 그렇다. 애초에 한자로 외웠으면 의미를 따로 외울 필요가 없었을 터이니 곱절로 바보짓을 한 셈이다.

고등학교 때부터 한자를 안 배웠다. 아무리 학교의 기능이 쓸데없는 것만 가르쳐 학생으로 하여금 공부에 정나미가 떨어지게 하는 것이라지만 한자까지 안 가르친 건 정말이지 너무했다. 미분, 적분, 화학공식을 몰라 살아가는 데 지장을 받은 적은 없다. 그러나 한자를 모르면 지름길을 놓고 돌아가야 하는 불편이 생긴다.

류현진이 11승을 했다. 말 배우기 시작한 아이가 야구가 뭐냐고 물으면 어떻게 대답하실 건가. 그거야 베이스볼이지 대꾸하는, 다시는 만나고 싶지 않은 어른도 있을 것이다. 아홉 명씩 두 팀이 아홉 회를 공방하여 다투는 경기로 공격하는 측은 상대편의 투수가 던진 공을 배트로 치고 내야를 한 바퀴 돌아 본부로 들어오면 득점을 하는 거란다, 아이들을 질리게 하는 어른도 있을 것이다. 그냥 한자로 풀어주면 간단하지 않나. 들판에서 공을 가지고 하는 경기. 내친김에 들 야(野)자와 공 구(球)자를 알려주면 더 좋고.

한자는 아시아의 라틴어 격이다. 친구 몇이서 칭다오로 여행을 간 적이 있다. 중국어를 할 줄 아는 사람이 아무도 없었지만 하나도 불편하지 않았다. 일행 중 하나가 한자를 사용해서 때마다 필담筆談을 했다. 예쁜 중국 아가씨들을 독차지했고 우리는 분해서 울었다. 지금 방송에서 '저격수다'를 진행하는 장원재가 그 인간이다. 일본어는 어떨까. 일단 독해에 유익하다. 외래어를 표현하는 가타카나 50음과 한자만 알면 톡톡히 덕을 본다. カメラの價格と機能. 그대로 읽어 카메라의 가격과 기능이다. 일본어가 만만하게 느껴져 공부에 자신감이 생긴다.

초등학교 한자 교육 문제를 놓고 찬반논쟁 중이다. 반대하는 쪽은 한자 사교육을 부추기고 국어교육을 무너뜨린다는 우려다. 논쟁하는 시간도 아깝다. 한글날이 다시 국경일이 된 것이 마땅한 것처럼 한자 교육은 하는 것이 옳고 이제껏 하지 않은 것이 비정상이다. 정확히 하자. 좋아서 배우는 게 아니다. 유리해서 배운다. 그리고 한자가 국어교육을 무너뜨린다니. 우리나라 국어교육이 엉망인 건 읽기와 말하기, 쓰기를 제대로 가르치지 않아서다. 한자 사교육? 그림글자로 출발한 문자라 한자 교육은 아이가 그림에 관심을 가질 때부터 가능하다. 하루에 한 자씩만 배우면 초등학교 졸업 때 상용한자 1800자를 뗀다. 사교육씩이나가 개입할 여지가 없다.

빨리 시작해야 하는 공부가 있고 시기가 특정하지 않은 공부가 있다. 역사 공부 같은 건 나이 들어 흥미가 생긴 다음에 천천히 해도 된다. 멋모를 때 강압적으로 시켜야 하는 것으로 소생은 악기와 한자를 꼽는다. 평생 간다. 우리말의 70퍼센트 이상이 한자다. 한자에 능해야 국어도 잘한다. 반대 논리의 뿌리에는 언어 쇄국주의가 있다. 우리말로 얼마든지 표현이 가능한데 왜 외국어를 쓰느냐는 논리다. 대원군이 들었으면 이렇게 말했을 것이다. 제정신이야?

우리말
파괴라고?

전 세계가 조지 오웰과 백남준에게 열광했던 1984년 소생의 흥미를 끈 건 빅 브라더도 아니고 CCTV의 원조인 텔레스크린도 아니었다. 조지 오웰이 만들어낸 그 디스토피아의 언어 체계였다. 우리는 보통 좋다의 반대말로 나쁘다를 떠올린다. 그런데 실상 좋다와 나쁘다 사이에는 아무런 상관관계가 없다. 단지 쓰는 사람들이 그렇게 정했을 뿐이다. 디스토피아에서 좋다의 반대말은 나쁘다가 아니라 '안 좋다'이다. 이보다 명료할 수가 있는가. 안 뜨겁다, 안 똑똑하다, 안 바쁘다… 부사 '안'만으로 사전이 절반으로 줄어든다. 실은 지금도 소생의 글쓰기는 그 체계 안에 살짝 발을 담그고 있다. 글은 가능하면 '안' 어렵게 쓰자는.

드라마 〈뿌리 깊은 나무〉에서 아비의 복수를 위해 십수 년 칼을 갈았던 채윤의 마음을 돌린 건 한글이었다. 백성을 위해 새로운 문자를 만들겠다는 세종에게 채윤은 코웃음을 친다. "새 문자라굽쇼? 아니, 백성이 그리 한가한 줄 아십니까." 해 뜨기 전 집을 나서 해가 떨어진지 한참 지나서야 집에 들어와 고단한 몸을 눕힐 수 있었던 조선의 백성에게 새로 글자를 익히라 하는 것은 고문이나 다름없다는 항변이었다. 그런 채윤이었지만 영리한 자는 한나절, 둔한 자라도 이틀이면 새로운 문자를 깨칠 수 있다는 사실에 무너지고 만다. 한글은 그렇게 신묘한 글자다. 단행본 한 권 분량이면 대략 20만 자. 그 20만 자를 인수분해하면 달랑 24개의 글자만 남는다는 사실은 거의 '매직'에 가깝다. 언어의 경제성 면에서 탁월하다는 말씀이다. 게다가 발성기관의 모양을 따 만들어 1만 가지의 소리를 표현할 수 있으니 명실상부 세계 최고의 문자다.

한글날만 되면 약속이라도 한 듯 온 미디어가 국어가 망가지고 있다고 난리다. 깜놀, 생파 같은 줄임말에서 멘붕, 먹방, 돌직구 같은 신조어까지 줄줄이 늘어놓는다. 그게 그렇게 걱정할 일인지 실은 잘 모르겠다. 글은 세상의 변화를 따라가는 법이다. 그 바뀜을 우려하는 목소리에서 나는 한글을 처음 본 성리학자들의 뜨악한 표정을 떠올린다. 개구리 우는 소리가 각각閣閣이 아니라 개골개골? 허어, 글이 이토록 천박할 수 있다니. 그러나 그들은 다 죽었고 한글은 살아남았다. 당대의 우려, 별거 아니라는 말씀이다. 명색이 학생들에게 글짓기를 가르친다는 인간이 이따위 흐리멍덩한 소리를 지껄이고 있으니 우리말과 글이 이 꼴이지 힐난하시는 분 있겠다. 뭐라고 하셔도 좋지만 한글이 표음문자라는 사실만큼은 잊지 않으셨으면 좋겠다. 말이 험해지고 격이 떨어지고 있는 게 문제지 그것을 받아 옮기는 글이 무슨 상관이란 말인가. 망가지고 있는 건 한국 사회와 그 안에서 서로 골탕을 주고받는 인간들이지 한글이 아니라는 얘기다.

뭐 그렇다고 현재 사정이 매우 심하게 긍정적이라는 건 아니다. 다만 이 얘기는 해줄 수 있겠다. 비루한 말과 글을 쓰는 인간에게는 비루한 삶이 기다리고 있다는. 한글날 공휴일에 대해서는 이런 생각이다. 우리는 지금 다이아몬드로 공기놀이를 하고 있다. 전 세계 모든 사람이 경악하는 가운데 우리는 참으로 태연하게 냅둬요, 우리 건데 댁들이 뭔 상관이야 꿋꿋하게 평가절하를 멈추지 않는다. 한글이 인격체라면 우리에게 이렇게 말할지 모르겠다. 내 가치를 이해하지 못하는 당신 같은 인간하곤 당장 이혼이얏! 오해 살까 다시 말씀드리지만 공휴일 늘려 '안' 바쁘게 하루 쉬고 싶다는 간악한 의도 절대 아니다.

3

어른 없는 사회

86년 늦은 봄날, 여대생 하나가 한강에 몸을 던졌다.
'전위에 서지도 못하고, 민중을 사랑할 수도,
사랑하는 척 흉내도 낼 수 없어 떠난다'는 유서를 남기고….
존중하고 싶은 80년대의 가장 슬픈 순교자.
일면식도 없지만 그녀에게 지면으로나마 국화 한 송이 올린다.
그렇게 힘들었나요.
그냥, 술이라도 마시면서 조금만 더 견디지 그랬어요

강남
좌파

내 친구 형석이 아버지는 걱정이 많았다. 아들이 공부 잘해 서울에 있는 좋은 대학에 간 것까지는 좋았는데 동네에서 수군수군하는 말이 똑똑한 애들은 데모하다 전부 감옥 간다는 얘기 아닌가. 형석이 아버지는 밤잠을 설쳤고 표시 나게 살이 빠졌다. 어릴 적부터 앞뒤 안 맞으면 자기 일 아닌 일에도 발끈하던 아이다. 아는 게 병이었고 들은 게 죄였다. 거꾸로 매달아 놓고 코에 고춧가루 물을 붓는다는데, 칠성판 위에 올려놓고 쥐포처럼 튀긴다는데. 아들이 방학이라 집에 내려오면 아버지는 불러 앉혀놓고 계속 같은 말이었다. 데모하는 것까지는 좋은데 앞에만 서지 마라. 그 꼴 못 본다. 아버지 죽는다.

형석이도 고민이 많았다. 대학 갈 때 아버지는 정말 소를 팔았다. 어디 깊은 곳에 병이 들었는지 언제부터인가 농사일을 버거워하던 아버지였다. 아버지 웃는 날은 자기가 상장 타오던 날이었다. 오매, 또 일등이네. 예민한 시기에 변변찮은 옷차림으로도 견딜 수 있었던 건 아버지 때문이었다. 광주에서 사람들이 많이 죽었다. 그 비디오 보고 형석이는 며칠 잠을 못 잤다. 시위 현장에 얼굴 비치는 일이 잦아졌던 형석이는 결국 무슨 무슨 위원장이라는 감투를 썼다. 시위를 지휘하기 전날 형석이는 막걸리를 두 병 마셨다. 우울한 표정이었다. 울 아부지 죽는디… 속내 털어놓을 때는 고향 말이 나오던 형석이였다.

결국 형석이는 제적을 당했고 감옥에서 나오기 무섭게 공장에 들어갔으며 그렇게 몇 년을 흘려보냈다. 지금은 학원 강사다. 어찌나 잘 가르치는지 강의실이 미어터진다. 술 마시던 끝에 물었다. 요새는 좌파 안 하냐. 씩 웃는다. 나, 요새는 뭘 버리는 게 아까워. 우리는 그날 안주로 나온 오징어를 눈알까지 씹어 먹었다. 대리 기사에게 어디 팰리스요 하며 키를 건넬 때 형석이의 표정은 밝지 않았다. 자주 보지 말자, 했다. 25년 친분으로도 덮어지지 않는 형석이의 자기 결벽과 부끄러움을 나는 헤아리기 어렵다.

주변에 '강남 좌파'가 꽤 있다. 민주화 운동 시절 부모님들은 불안해했지만 부끄러워하지는 않았다. 버리고 반납한 사람이라서 존중받았다. 소생은 여러분이 뭘 내려놨다는 소리를 들은 적이 없다. 주렁주렁 매달고 명예까지 획득하려는 그 '심뽀'를 모르겠다. 김영삼 대통령을 좋아하는 이유는 딱 하나다. 부와 명예를 동시에 가지지 못하도록 하겠다, 선언해서 그렇다. 선언을 실현했는지는 부차적인 문제다. 세상이 어떻게 돌아가야 하는 것인지 그보다 명료하게 정리한 말을 나는 알지 못한다.

TV에서 북한인권운동가인 김영환 씨의 인터뷰를 봤다. 오십 먹은 남자의 얼굴이 기름기 한 방울 없이 저토록 담백할 수 있다니. 욕심을 버려야 생기는 게 담백이다. 정계 입문에 대해 묻는 진행자의 말에 그러면 이전의 모든 행적이 자기 영달을 위한 준비 작업으로 보이고 그게 북한 민주화 운동에 짐이 될 수 있기 때문에 안 한다고 했다. 앞으로도 계속 힘든 길을 갈 것이냐는 질문에는 소외된 사람들에 대한 의무감이라고 답변했다. 인터뷰를 보면서 머릿속에 떠오른 인물은 님 웨일즈가 사랑한 남자,《아리랑》의 김산이었다. 민혁당 당원들은 참 멋진 당수黨首를 가졌었구나. 인터뷰 보다가 눈시울이 붉어진 건 처음이다. 그가 너무 아름다워서. 갑자기 형석이 생각이 나서.

착한
자본주의?

80년대 초반 운동하던 선배와 나눈 대화다. "형, 북한에도 학생운동이 있을까?" "운동은 세계의 본질이니까 아마 있지 않을까?" "그럼 게네는 무슨 이데올로기를 갖고 운동해?" "거기는 사회주의니까 아마 자본주의 이데올로기가 아닐까?" "우리랑 반대네? 그럼 복잡하게 굴지 말고 그냥 우리랑 게네랑 바꿔 살면 되잖아." 퍽! 퍽! 퍽! 무수한 '아마'에 이어 무수한 폭행으로 끝난 대화였다. 인지認知가 다소 향상된 지금이라면 이렇게 물었을 것이다. "선배, 우리는 평등을 이슈로 운동하잖아. 그럼 북한은 자유를 이슈로 운동하는 거야?" "당연하지. 게네는 평등이라면 지겹게 겪었잖아." 선배, 미안하지만 북한이 지겹게 겪은 건 가난이지 평등이 아니죠. 다 같이 못 사는 걸 평등이라 부르면 평등이 화내죠.

평등. 참 아름다운 발상이기는 하지만 인간하고는 인연이 없는 단어다. 인간, 애초부터 평등하지 않다. 가끔 법 앞에서 평등할 때도 있다는 얘기는 들은 적이 있다. 심성으로 평등을 성취하자는 분들 있다.

많이 가지고 태어난 사람이 그렇지 못한 사람에게 나눠주잔다. 인간의 본성을 몰라도 너무 모르는 발상이다. 아흔아홉 개 가진 놈이 한 개 가진 놈 것을 빼앗아 기어이 백 개를 채우는 게 인간이다. 이 끔찍한 자본주의가 3세기째 이어지고 있는 건 이 체제가 경제공학적으로 탁월하기 때문이 아니다. 100퍼센트 욕망 덩어리인 인간이란 종種에게 너무나 잘 맞기 때문이다. 애덤 스미스는 말했다. 우리가 빵을 먹을 수 있는 것은 빵집 주인의 이기심 때문이라고. 착한 자본주의? 다 사기다. 차라리 영양과 사이좋게 지내는 사자, 채식하는 사자를 찾아나서는 게 빠르다. 자본주의 4.0? 자본주의가 무슨 윈도우냐.

해서 나온 게 '공정'이다. 기량이 다르니 출발이라도 같게 해주자는 얘기다. 실은 이것도 자본주의의 간계다. 계속 빨아먹기만 하면 판이 엎어지니까 어떻게든 체제를 유지해보자는 발상이다. 그렇게 나쁜 거라면 당장에라도 갈아치워야 하는 거 아닌가. 앞서 말한 대로 자본주의만큼 인간에게 맞는 옷도 없다. 다들 잘살고 싶어 한다. 쌓아놓고 싶어 한다. 누군가의 것을 빼앗더라도 내 가정의 식탁은 호화롭기를 바란다. 이제껏 경제 시스템 가운데 가장 많은 사람에게 욕망을 허許한 게 자본주의다. 인간은 절대 자본주의를 포기하지 않는다. 진보니 좌파니 하는 사람들은 자꾸만 이 사실을 망각한다. 혹은 모른 척한다. 평등 사회에 도전했다가 몰락한 공산권을 보고서도 다시 해보면 될 수도 있다고 우긴다. 인간 자체를 개조해보겠다고 나선 끝에 국민의 5분의 1을 죽인 크메르루주를 보고도 딴소리를 한다. 인간은 안 바뀐다. 그래서 인간이다.

경제 민주화가 화두다. 일부 수긍할 내용도 있지만 경제 민중화를 잘못 쓴 것 아닌가 싶게 주장들이 사뭇 '약탈'적이다. 소생이 생각하는 진짜 경제 민주화는 '일자리'다. 돈을 내놓는 대신 일자리를 내놓아라, 주문하는 게 맞고 옳고 현실적이다. 일자리를 내놓는 쪽이나 일자리를 얻은 쪽이나 똑같이 수입이 생겨서 좋은 일이다. 양쪽의 욕망을 다 충족시켜줘야 한다. 박정희 대통령은 우리도 한번 잘살아보세 하며 욕망에 호소했다. 빼앗아보세, 나눠줘보세가 아니었다. 50년 전이나 지금이나 인간은 여전히 인간이다. 청년 아홉 명 중 한 명이 서른까지 취업을 한 번도 못해봤다는 기사를 읽었다. 답을 오래 연구할 필요가 없다.

나는 마신다,
고로 나는 존재한다

'나는 마셨다.' 알코올과 지독한 사랑에 빠진 끝에 일찌감치 인생 '점프 컷(장면이 비약적으로 바뀜을 뜻하는 영화 용어)' 해버린 캐롤라인 냅의 명저 《술, 전쟁 같은 사랑의 기록》의 첫 문장이다. 나도, 마셨다. 처음에는 국가와 민족을 위해 참으로 거룩하게.

돌을 던지기 전 떨려서 마셨다. 던지고 나서는 속이 상해서 마셨다. 가끔은 돌에 맞은 놈 생각을 하며 마셨다. 슬슬 국가와 민족을 위해 마시는지 마시기 위해 국가와 민족을 끌어들였는지 가물가물해지기 시작했다. 강의실을 경유하지 않고 술집으로 직행하는 날이 잦아졌다. 나중에는 지금이 1학기인지 2학기인지 모호해졌다. 대체 왜 그렇게 마셨을까.

할 일이 없었다. 도서관에 앉아 있으면 왠지 불편했다. 대신 마셔야 할 이유는 넘치고 또 넘쳤다. 가장 선한 자들 가운데서 가장 열렬한 투사가 탄생하는 시대라서, 마셨다. 비판의 자유가 물리적으로 봉쇄되어 있을 때 찬양의 자유는 도덕적으로 유보되어야 했기 때문에, 마

셨다. 역사가 나를 무죄로 하지 않을 것 같아서, 마셨다. 혹시 무인정
권이 무서워서? 노코멘트다.

　대학가 주점 순례가 낙이었다. 옥호 대신 육교 밑에 있다고 '육교
집', 주점 한가운데 전봇대가 있다는 이유로 '전봇대집'이었다. 대세는
'이모집'이었지만 특이하게 '고모집'도 있었다. 고모某씨가 운영한대
서 혹은 학교 분위기가 가부장적이어서 고모집이라는 '썰'까지. 가난
한 지갑에 대한 배려가 고왔던 이모와 고모들이 지금도 고맙다. 단골
집은 신촌 여대 앞에 있는 '목마름'이란 곳이었다. 어쨌거나 분 냄새
가 조금은 섞여 있던 자궁 같은 도피처. 겨울이었다. 지하실 문을 열
고 들어서는데 '인민의 기 붉은 기는 투사의 피로 얼룩져'와 '저 청한
하늘 저 흰 구름 왜 나를 울리나' 합창 사이로 공간과는 너무나 이질
적인 노랫소리가 들려왔다. 머리가 치렁치렁한 놈 하나가 낭랑한 목
소리로 록 오페라 〈지저스 크라이스트 수퍼스타〉에 나온 예수의 테마
곡을 부르고 있었다. '왜 하필 저오이까, 할 수 있다면 이 잔을 내게서
옮기소서(If there is a way take this cup away from me).' 운동가
와 민요만 허용되던 시대에 팝송이라니. 다들 어이가 없어 노래를 멈
춘 가운데 녀석의 노래는 홀로 절정을 향해 달렸다. '마시리다. 치고
때리고 십자가에 매다세요. 내 마음이 변하기 전에(I will drink your
cup of poison, nail me to your cross and break me. Bleed me,
beat me, kill me, take me now before I change my mind).' 반항
이었을까 자조였을까 아니면 단순히 뮤지컬 배우 지망생이었을까. 주
머니를 털어 녀석에게 꼬막 한 접시를 보냈다. 고마워서. 자꾸 눈물이

나서.

86년 늦은 봄날, 여대생 하나가 한강에 몸을 던졌다. '전위에 서지
도 못하고, 민중을 사랑할 수도, 사랑하는 척 흉내도 낼 수 없어 떠난
다'는 유서를 남기고…. 존중하고 싶은 80년대의 가장 슬픈 순교자.
일면식도 없지만 그녀에게 지면으로나마 국화 한 송이 올린다. 그렇
게 힘들었나요. 그냥, 술이라도 마시면서 조금만 더 견디지 그랬어요.
어쩌면 80년대 자체가 거대한 프레임은 아니었을까. 뭔가를 결정한
사람들보다 결심하지 않은 사람들에게 더욱 힘들었던. 아무도 너에게
그 길을 가라 하지 않았다고? 내 참, 꼭 물리적으로 떠밀어야 미는 겁
니까.

왜 '성균관대' 일색이지?

새 정부 출범하고 성균관대 출신이 약진하면서 돌았던 유머다. 애초부터 대한민국은 '성대의 나라'였단다. 과연 지갑을 열어보면 천 원짜리에 나오는 인물은 성균관대 교수다. 오천 원권은 성균관대 장학생이다. 이어 만 원권은 성대 이사장이고 최고액인 오만 원은 성대 학부모다. 모여서 수다 떠는 페이스북 방에 그 글을 올렸더니 서울행정법원 심준보 부장판사가 댓글을 달아 놨다. 재미있기는 한데 어째 그리 천편일률적으로 전근대적, 조선 시대 인물뿐이냐는 지적이다. 우리가 자기의 근대상에 전혀 자긍심을 갖지 못하는 증거라는 쓴소리도 덧붙였다.

듣고 보니 정말 그렇다. 네 명 중 최초 출생은 세종대왕으로 1397년이다. 제일 나중에 돌아간 이이는 1584년에 몰歿했다. 14세기에서 16세기까지 겨우 200년 동안에 난 인물로 화폐 4종의 주인공을 모조리 캐스팅했다는 사실은 우리 역사 반만년을 참 민망하게 만든다.

반면 일본은 압도적으로 현재에 근접해 있다. 천 엔의 주인공은 과학자인 노구치 히데요(1876~1928)다. 오천 엔권은 히구치 이치요(1872~1896)로 일본 근대소설의 개척자다. 만 엔권은 후쿠자와 유키치(1835~1901)로 일본의 근대화를 이끈 사상가다. 셋 중 둘이 '20세기 사람'이다. 과연 근대화에 환장했던 나라답다.

재미있는 게 또 있다. 노구치 히데요는 호적상 일본인이 아니라 미국인이다. 1900년에 미국 록펠러 연구원으로 가면서 미국 영주권을 얻었다. 이런저런 평계를 달았지만 결국 외국인이라는 이유로 꽤 괜찮은 장관 후보자를 미국으로 돌려보낸 우리 입장에서는 곱씹어 볼 일이다. 히구치 이치요도 만만찮다. 겨우 스물네 살에 생을 마감한 작가다. 우리로 치면 김동리나 서정주 대신 요절 시인 이상을 기용한 셈이니 제대로 파격이다. 일본만의 특이한 현상 아니냐고 반문하실 분 있겠다. 유로화 때문에 지금은 사용되지 않지만 프랑스 지폐를 보면 6종 지폐의 주인공이 베를리오즈, 드뷔시, 생텍쥐페리, 세잔, 에펠, 퀴리 부부다. 놀랍다. 근대를 넘어 거의 현대 수준이다.

그 나라 지폐를 보면 그 나라의 정체성과 지향점이 있다. 누가 선비의 나라, 사농공상의 질서 아니랄까 봐 우리는 학자 일색이다. 일본은 사상가, 소설가, 과학자다. 프랑스는 문학, 음악, 미술, 과학의 대가들을 그 자리에 앉혔다. 새 정부는 문화 융성을 내걸었다. 좋은 말이기는 한데 뭔가 구체적이고 상징적인 '액션'이 필요하지 않을까. 한번쯤 지폐 인물 교체를 생각해볼 필요가 있다는 말씀이다. 실제로 노구치 히데요와 히구치 이치요는 시대의 흐름에 따라 해당 지폐에서 각각 소설가 나쓰메 소세키와 학자인 니토베 이나조를 갈아탄 인물들

이다.

한 말씀만 더 하자. 요즘 '백년전쟁'이라는 해괴한 영상이 유통 중이다. 건국의 아버지 이승만을 왜곡과 사기 끝에 '하와이 갱단 두목'으로 만들어 버렸다. 얕고 졸렬하여 반박할 가치도 없다. 당시 조선 대다수 민중의 막연한 몽상이었던 공산주의 대신에 혜안으로 자유민주주의와 시장경제를 밀어붙인 인물이다. 한·미동맹 강화로 안보를 탄탄히 굳힌 인물이다.

공과를 넘어 오늘의 대한민국을 출범시킨 인물이다. 혹시 십만 원권 지폐를 발행할 일이 생긴다면 진지하게 검토해볼 일이다. 인물에 대한 설명도 멋지지 않은가. '건국과 농지개혁, 안보와 교육 부흥의 네 마리 토끼를 잡았으며, 아무리 공이 커도 민주주의를 훼손하면 자리에서 내려와야 한다는 가르침까지 안겨준 대한민국의 아버지.'

하자는
아니되요

'신통방통'이라는 시사 방송을 자주 본다. 좋아하는 사람이 셋 나온다. 문갑식 앵커, 황장수 미래경영연구소장 그리고 배진영 기자다. 진행자인 문갑식 앵커는 술을 좋아하는 다혈질로 추정된다. 진행 방식이 취조에 가깝고 종종 앉혀놓은 패널들을 쥐 잡듯 하여 시청자를 즐겁게 한다. 불량한 사건에는 자기가 먼저 핏대를 세우기도 하는데 진행자가 선행하여 분개하는 방송을 보는 일은 흔치 않다. 황장수 소장은 누가 봐도 바른생활 사나이다. 원칙을 벗어난 인물에 대한 이야기가 나오면 정색을 하고 저, 그런 사람들하고 안 친합니다, 바로 선을 긋는다. 가볍지 않아 그 어떤 상황에서도 끝까지, 홀로, 철저하게 진지한데 이상하게도 보고 있으면 자꾸 웃음이 나온다. 배진영 기자는 툭하면 '최고 존엄'을 모독한다. 혹시라도 최고 존엄이 방송을 보고 "저 간나, 제껴버려!" 하면 어쩌지 할 정도로 아슬아슬하다. 아, 제끼다는 젖히다의 북한어로 마구 해치우다라는 뜻이다. 이야기하는 것을 들으면 '단언컨대' 정말로 대한민국을 사랑하는 사람이다.

며칠 전 방송에서 청와대 비서실 책장에 꽂힌 도서 목록 이야기가 나왔다. 웹툰과 캠핑, 다이어트 등 국정 운영과 관련이 없는 책이 상당수라는 기사였는데 특히 《살 빠지는 골든타임 저녁 다이어트》와 《아내가 딴짓하는 데는 이유가 있다》라는 책이 도마에 올랐다. 우리의 황장수 소장님, 기막힌 해설을 붙였다. 전자에 대해서는 아무래도 청와대 있으면 저녁 먹자는 사람이 많을 것이고 그래서 건강관리 차원에서 구입한 것으로 짐작된다고 하더니 아내가 딴짓하는 이유를 구입한 까닭으로는 국정에 매진하느라 집에 잘 못 들어가다 보니 불안한 심정에서 읽은 것으로 사료된다고 하여 패널들을 죄 자빠뜨렸다(정작 본인은 안 웃는다). 재미있자고 한 얘기겠지만 시청자를 유쾌하게 만든 정말이지 신통방통한 해석이다. 관심이 생겨 해당 기사를 찾아보았다. "다이어트와 캠핑이 국정 운영과 어떤 관계가 있는지 알 수 없다.", "비서실의 도서 구입비는 업무 목적에 맞게 집행해야 하는데 직원들이 개인적으로 보는 책까지 공급으로 해결하는 것은 문제."라고 지적한 정보공개센터 관계자의 발언이 실려 있었다. 이 관계자, 혹시 자신의 안목에 맞춰 책을 재단한 것은 아닌지 의심스럽다.

수업 시간에 학생들에게 책임감을 심어주기 위해 자주 하는 말이 있다. 좋은 선생이 있는 게 아니라 좋은 학생이 있다고. 그러니까 소생에게 기대지 말고 공부는 혼자 하라는 이야기다(혹자는 면피용 간악한 발언이라고 꼬집기도 한다). 책도 마찬가지다. 좋은 책이 있는 것이 아니라 좋은 독자가 있다. 아무리 좋은 책도 안목이 빠지는 사람이 보면 잡서가 되고 시시껄렁한 가십 주간지도 뛰어난 학자가 읽으면 훌륭한 사회학 텍스트가 된다. 쓰는 사람에 따라 칼이 회를 뜨기도 하고 사람을 후비기도 하고 아이들의 맛있는 간식을 만들기도 하는 것과 같은 이치다. 게다가 비만은 사회문제다. 캠핑은 주목할 만한 사회현상이다. 비서실에서 읽는 것이 뭐가 이상하지? 예전에 노암 촘스키의《미국이 진정으로 원하는 것》을 국방부에서는 불온도서로 지정하고 청와대에서는 구입했다는 기사를 읽은 기억이 있다. 같은 맥락이다. 국방부에게는 책이지만 청와대의 입장에서는 자료다. 방송 중간에 프로그램의 중단이나 앵커의 하차를 암시하는 불길한 발언이 나왔다. 오전의 즐거움을 잃어버리게 생겼다.

문화권력

그냥, 충분히 예상 가능했던 일이다. 지난 수십 년간 우파는 정치, 경제 권력을 장악하고 오만을 떨었다. '야마'를 잡고 있으니 다른 건 별로 중요하지 않다고 생각했다. 그래서 허술하게 내준 게 혹은 방치한 게 문화 권력이다. 우파는 세 가지를 간과하고 있었다. 문화는 '시간'과 '인간'을 다룬다는 것을. 그래서 문화 권력에는 자연스럽게 역사 권력이 딸려간다는 것을. 그리고 그 두 개가 합쳐지면 정치, 경제 권력 같은 건 모래 위에 쌓은 성만도 못하다는 사실을. 연극 〈한강의 기적〉 대관 취소 사건 이야기다.

적법한 절차에 따라 대관 신청을 했고 극장의 이사장은 공연 시 관람하겠다는 말까지 했다. 이게 한 연극인의 발언 하나에 뒤집혔다. "공공기관이 국민의 세금으로 운영하는 극장에서 이런 작품을 공연해도 되느냐."는 요지였다. 여기서 '이런 작품'이란 박정희 찬양을 노골적으로 해대는 연극이라는 설명이다. 〈한강의 기적〉은 쿠데타 찬양이 아니라 제목처럼 한국 경제 부흥사 기록극에 가깝고 박정희 원 톱 드라마도 아닌 정주영, 이병철을 함께 내세운 쓰리 톱이었다. 연극 말미에는 "우리가 이렇게 잘살 수 있게 된 데에 진짜로 감사해야 할 인물은 김일성."이라는 대사까지 나온다. 북쪽과 경쟁하느라 이렇게 올라섰으니까 하면서 말이다. 연극인의 주장처럼 '이런 연극'이 되기에는 함량이 한참 부족한 작품이었다. 당연히, 그냥 무시하고 넘어가면 되는 사안이었는데 극장 측은 알아서 '기었다'. 소리는 하나였지만 얼굴은 다수였기 때문이다. 그 발언 뒤에 포진하고 있는, 향후 담당자들에게 얼마든지 불이익을 선사할 수 있는 거대한 '세력'이 두려웠기 때문이다. 물론 이 세력은 오랫동안 방치한 좌파 문화 권력이다.

우파가 좌파 문화 권력을 인지하지 못하는 것은 아니다. 그 해악과 파괴력도 어느 정도 실감하고 있다. 그래서 가끔 벌인다는 일이 탈환 작전이다. 기관장을 교체하는 거다. 그렇게 쉽게 끝날 일이면 얼마나 좋을까. 기관장 하나 꽂아놔 봐야 할 수 있는 일이 별로 없다. 무슨 일 하나 추진하려고 하면 실무진들이 벌떼같이 들고일어난다. 피로와 고독 속에서 기관장은 시름시름 말라죽는다. 수십 년 누적된, 그리고 지난 좌파 정권 10년 동안 급속히 팽창한 그 기세를 한 개인이 막을 수 있다면 그거야말로 초현실주의적인 일이다. 여기서 잠시 생각해볼 문제가 하나 있다. 문화 권력, 역사 권력에 대한 성실한 이해다. 권력이란 그 힘을 행사할 수 있는 의지이기도 하지만 한편으로 그것에 동조하는 지지자들의 집단 의지가 반영된 것이기도 하다. 즉 문화 권력은 가시적인 것과 비가시적인 것의 혼합체라는 얘기다. 그 권력이 내세우는 이데올로기를 심정적으로 지원하는 수많은 동조 세력은 각양각

색의 방법으로 권력을 지원한다. 피켓 시위를 벌이고 서명 운동을 하고 댓글을 달고 SNS에서 주장을 퍼 나른다. 물론 매우 자발적으로. 안타까운 건 이들이 어려서부터 종북 사상에 심취한 반체제 극성분자들이 아니라 우파가 세심하게 보듬지 못한 우리 주변의 평범한 이웃들이라는 사실이다. 선의 방관은 악의 승리를 꽃피운다는 버크의 경구를 재확인한, 이 불순분자 새끼들 다 손톱깎기로 깎아 죽여야 해, 울분을 토할 사안이 아니라는 말씀이다.

소설가 이문열 씨는 "일반 국민은 보수와 진보가 50대 50이지만 문화 쪽은 진보(좌파)가 거의 98퍼센트까지 장악하고 있다."면서 "문인들은 보수색을 드러내는 즉시 불이익을 당한다."고 격정을 토로했다. 문화 쪽이 좌파 강세인 것은 별로 신기한 일이 아니다. 문화란 게 원래 기존 질서에 저항하면서 새로움을 창조하는 것이 아니던가. 해서 문화 예술 쪽에 쓸 만한 인재가 하나 나오면 항상 붙이는 칭찬이 '체제 전복적 상상력'이다. 당연히 우리나라만 유독 그런 것도 아니다. 좌파의 왕국이기는 하지만 프랑스는 우리보다 더했다. 1950년대 알제리 해방 전쟁이 일어났을 때 사르트르는 조국 프랑스의 제국주의적인 지배를 노골적으로 비난했다. 이 시기 "프랑스와 알제리 어느 한 쪽이 더 정당한지 판정을 내리기는 힘들다. 양쪽 모두 저 나름의 이유가 있고 양쪽 모두 잘못이 있다."고 말한 사람은 알베르 카뮈였다. 지식인 사회에서 유일하게 나온 정직한 발언이었다. 이 일로 카뮈는 프랑스 문화 예술계의 '왕따'가 된다. 프랑스 좌파의 문화계 장악은 99.9퍼센트였다(여기서 남은 0.1퍼센트는 '없다'의 완곡한 표현이다).

프랑스뿐이 아니다. 1960년대 아메리칸 뉴 시네마를 꽃피운 할리우드는 전복顚覆의 공장工場이었다. 〈졸업〉, 〈보니 앤 클라이드〉, 〈작은 거인〉 등을 통해 기성세대의 위선은 물론이고 미국의 어두운 역사가 사정없이 까발려졌다. 중요한 건 1950년대 프랑스건 1960년대 미국이건 그들에게는 '북쪽'이 없었다는 사실이다. 당연히 '핵 소년' 김정은도 없었고. 사람은 반드시 스스로를 업신여긴 후에 남이 그를 업신여기고 나라는 반드시 그 스스로를 친 후에야 남이 그 나라를 친다고 했다.

70년대 중후반 출판 운동, 80년대 문화 운동을 통해 좌파가 진지를 구축하고 내공을 다진 세월이 거의 40년이다. 물들이기에 대학생은 너무 늦다는 생각에 시작한 전교조도 20년이다. 전교조의 반反국가, 반민족, 반역사 이데올로기 집중 교육 10년 동안 배출된 학생이 600만 명이다. 이들 대한민국 좌파 문화 권력의 든든한 받침대가 있는데 〈한강의 기적〉이 무산된 게 그리 이상한 일일까.

한 가지 더. 〈한강의 기적〉 대관 취소는 단순하게 넘길 해프닝이 아니다. 대한민국에 대한 반反 대한민국 세력의 한판 '뜨자는' 선전포고다. 박정희에게서 친일파, 무자비한 독재자 이상의 의미를 끄집어내면 작살을 내겠다는 위협이다. 실은 신호탄은 이미 올랐다. 이른바 역사 다큐인 '백년전쟁'이다. '백년전쟁'의 타깃은 이승만이었다. 자유민주주의국가 건국, 농지 개혁, 교육 부흥, 한미 동맹 강화를 통한 안보 구축이라는 이승만의 업적은 이 한 편으로 모조리 사기가 되었다. 그리고 그 자리를 대신한 건 하와이 갱단 두목, 침략 세력의 콜라보(협력

자) 그리고 추악한 권력자 이승만이었다. 이런 다큐들이 속편처럼 꼬리를 물고 제작되고 일부는 편집되어 다시 새로운 콘텐츠로 대중에게 무차별적으로 살포된다. 밀릴 데까지 밀렸다. 6.25로 치면 부산 하나 남은 셈이다. 치고 올라가야 할 것은 물론이고 인천상륙작전처럼 허리도 한 번 끊어놔야 한다. 이승만과 박정희를 잃고 대한민국 세력은 무엇을 말할 수 있을까. 마음 독하게 먹고 분발해야 하는 까닭이다.

올해는 안 보고 싶은 것들

새해에는 좀 안 봤으면 싶은 것들입니다. 새침했던 아나운서가 결혼 후 '먹방'에 나와 꾸역꾸역 음식을 밀어 넣는 것(결혼은 멀쩡한 처녀를 배불뚝이로 만든다더니 과연). 차 뒤창에 성격 까칠한 아이가 타고 있어요, 써 붙이고 다니는 차들(그러니까 어쩌라고. 그리고 나도 까칠한 걸로는 신문에 나기 직전이거든). 기분이 좋은 거 같아요, 맛이 있는 거 같아요 따위의 이상한 말투 인터뷰(자기감정 판독이 안 되세요? 남의 혀를 달고 다니는 것도 아니고 대장금 이영애 미각 상실 상황도 아니고 맛이 있는지 없는지 구분이 안 되세요?).

툭하면 검색어 순위에 올라오는 'ㅇㅇㅇ 독설'(어지간하면 다 독설이라네요. 독설은 남을 사납게 비방하거나 매도하여 해치는 말을 뜻합니다. 용례로는, 정욱이는 술에 취해 친구에게 올해 네 인생이 지옥이 될 거라는 사실에 내 팔 하나와 어쩌고저쩌고하며 독설을 퍼부었다, 같은 것이 있겠습니다).

연예인들 가족까지 나와 시시콜콜 집안 잡사 토크로 시간을 때우는 프로그램들(자기 할아버지 이름은 몰라도 연예인 아들 이름은 아는 청소년이 많다네요. 대한민국은 연예인 공화국이 된 걸까요). 도서관에서 서가를 병풍 삼아 전공이나 영어 공부하는 학생들(왜 뷔페에 와서 산해진미를 놔 두고 김밥을 먹고 있을까요).

청년 실업 문제와 청년 취약 계층 문제도 구별을 못 하면서 틈만 나면 청년 문제를 입에 올리는 웰빙 정치인들(《4천원 인생》이라는 책을 보셨나요. 눈물이 납니다). 구질구질하게 비자금 조성하다가 잡혀 들어 가는 기업 대표들(제발 부와 명예를 동시에 가진 멋진 모습 한번 보여주세 요).

문학은 안 되고 존재감은 인정받고 싶고 그래서 트위터로 정치 글 퐁당퐁당 던지는 이른바 개념 작가들(우리나라 문학의 위기는 독자가 아 니라 작가들 때문이라는 사실을 알고는 계신 건지). 지방 돌아다니며 말 같 지도 않은 위로를 늘어놓는 감성 팔이 사기꾼들(안 되는 애들에게 안 되 는 이유를 말해주는 것이 진짜 도움이 된답니다).

민중사관과 운동사관으로 범벅이 된 역사를 기어이 학생들에게 가 르치겠다고 난리인 오만과 편견의 선생님들(여러분 21세기예요. 세계로 쭉쭉 뻗어나가려는 아이들의 발목을 퇴행적 사관으로 붙잡아두려는 그 심보는 대체 뭔가요).

아직도 폴리스 라인이라는 말의 의미를 모르는 시위꾼들(지하철에 서 안전선 밖과 같은 의미입니다. 무차별 타격 및 심할 경우 총격이 발생할 수도 있는). 자유롭게 반정부 집회를 열면서 독재를 입에 올리시는 분들(전 두환 옹께서 말씀하셨죠. 젊은 사람들이 나한테 감정이 안 좋은가 봐. 나한테 당 해보지도 않고. 한번 모셔와 볼까요. 어떻게 하시는지).

마지막으로, 인문학의 위기니, 서점이 하루에 하나꼴로 폐업하고 있어 걱정이니 하는 언론 보도(정말 식은땀이 흐릅니다. 위기의식 끝에 인문학이 부흥하고 서점이 반대로 하루에 하나씩 생겨나면 어쩌지. 갑자기 대한민국이 책 읽는 나라로 바뀌면 어쩌지. 스펙이라고 해 봐야 달랑 대학 졸업장 한 장이 전부인 소생이 그나마 밥 먹고 사는 게 다들 책 안 읽고 인문학을 무시하는 풍토 덕분이니 말입니다. 솔직하게 말하면 저는 현재의 이 분위기, 사회 흐름이 심히 만족스러워요. 글쓰기를 학문으로 대접하지 않는 이상한 나라, 그러면서도 글쓰기와 독서를 강조하는 더 이상한 나라, 독서와 글쓰기가 별개 영역이라고 생각하는 어이없는 나라, 덕분에 제가 먹고살기 좋은 참 아름다운 나라인 까닭이죠. 그러니까 제발 경고등 좀 울려대지 않았으면 좋겠는데 왜들 난리인지 미워 죽겠어).

사족 하나.

인문학은 정체불명의 단어다. 우리에게 필요한 것은 각 개인의 삶에 심어진 '인문정신'일 뿐이다.

앨리스도 없는 이상한 나라, 북한 이야기 1

얼어붙은 저 하늘 얼어붙은 저 벌판

태양도 빛을 잃어 아 캄캄한 저 가난의 거리

어디에서 왔나 얼굴 여윈 사람들

무얼 찾아 헤매이나 저 눈 저 메마른 손길

오 주여 이제는 여기에 오 주여 이제는 여기에

오 주여 이제는 여기에 여기에 우리와 함께

오 주여 이제는 여기에 오 주여 이제는 여기에

오 주여 이제는 여기에 우리와 함께 하소서

1970년대 초반, 저항 시인 김지하의 글에 김민기가 멜로디를 붙인 노래극 〈금관의 예수〉의 타이틀 곡이다. 산업화가 진행되는 과정에서 소외된 사람들의 궁핍한 현실을 다룬 내용이었는데 그로부터 40년이 지난 지금 이 노래가 다시 불리고 있다. '오 주여 이제는 여기에' 대신 '오 주여 이제는 거기에'라고 가사만 바꿔서. '거기'는 물론 북한이다. 그런데 재미있는 건 전 세계에서 종교를 없앤 유일한 나라, 북한 정권과 기독교가 매우 밀접한(?) 관계라는 사실이다.

김일성의 어머니 이름은 강반석이다. 1892년 생이니 조선 시대에 태어난 사람 이름 치고는 사뭇 근대적이다. 그런데 반석이란 이름, 기독교인들에게는 아주 익숙하다. 그녀의 아버지 강돈욱은 장로이자 독실한 기독교 신자였다. 그래서 딸의 이름을 성경의 '만세 반석'에서 따와 반석이라고 지었던 것이다. 거기에 '세례교인' 강반석의 남편, 즉 김일성의 아버지 김형직은 미국 북장로교 선교사 베어드 박사(한국명 배위량)가 세운 평양숭실학교 졸업생이었다. 일제 강점기 북한 지역에는 3천여 개의 교회가 있었고 그 때문에 기독교 부흥의 신화로 동방의 예루살렘으로까지 불렸다지만 이쯤 되면 보통을 넘어 기독교 명가인 셈이다. 김일성 역시 어린 시절 아버지의 손을 잡고 주일학교를 다녔고 중학교 때에 찬양대의 지휘를 맡기도 했다. 1970년대에 국가 부주석의 자리에 오른 강량욱은 김일성의 외종조부이자 당시 어린 김일성을 가르친 목사였다. 뭔가 이상하지 않은가. 세계에서 유일하게 종교를 없앤 나라에서 그 뿌리가 이토록 특정 종교와 밀접하다니.

주체사상이 남한에 수입된 것은 1980년대 초반이었다. 간단히 설명하자면 인민 대중은 역사의 창조자지만 지도자가 없는 대중은 무의식적인 비조직 군중에 불과하므로 혁명에서 승리하기 위해서는 수령이 필수적이라는 '혁명적 수령관'이 그 골자다. 좀 더 펼쳐 놓으면 최고 뇌수인 수령이 주는 정치적 생명을 매개로 어버이 수령(뇌수), 당(중추), 인민(지체肢體)이 긴밀한 관계를 이룬다는 '사회정치적 생명체

론'이 된다. 주체사상을 받아들인 남한의 사회과학도들은 인민 대중의 역할을 높인 주체사상의 도입부에는 대부분 동감했지만 결론 부분인 수령론에서는 난감할 수밖에 없었다. 이게 '철학'이고 '과학'인가. 그런데 기독교 신자들에게는 그다지 어려울 것이 없었다. 주체사상은 성경의 삼위일체를 그대로 옮겨다 놓은 '교리'에 가까웠기 때문이다. 수령과 당 그리고 대중은 성부와 성자와 성신의 다른 표현이었고 주체사상이 현실에 투영된 사상, 기술, 문화도 삼위일체, 공장, 기업소, 협동농장운영 역시 삼위일체의 틀을 유지하고 있었다. 게다가 북한 노동당의 '유일사상 체계확립 10대 원칙'과 '유일적 지도체계확립 10대 원칙'은 아예 십계명의 판박이였으니. 무엇보다 어버이 수령이 준다는 '정치적 생명'이란 '새 생명'과 하나도 다르지 않았으니 말이다.

미국에서 발행되는 한 잡지는 주체사상을 '사상'이 아니라 '종교'로 규정지은 바 있다. 그것도 정상적인 종교가 아닌 사이비 종교로. 이쯤 되면 사정은 명확해진다. 김일성은 그 자신의 사상 체계를 기독교 교리에서 그대로 가져왔다. 그리고 영감을 주었던 그 교리를 무참하게 파괴해버렸던 것이다. 기독교의 '짝퉁' 소리를 듣지 않기 위해, 표절 시비에 휘말리지 않기 위해. 물론 공식적인 슬로건은 '종교는 인민의 아편'이었지만. 실제로 김일성은 기독교와 관련된 유년의 기억을 모조리 파괴해버렸다. 김일성의 아버지 김형직은 어린 김일성의 손을 잡고 만경봉에 올라 조지 워싱턴의 일화를 이야기해주고 미국 청교도의 개척정신을 알려주었다. 그러나 성인이 된 김일성은 이렇게 말했다.

"미국은 오래전부터 종교의 간판을 든 선교사들을 우리나라에 파견하여 각지에 례배당을 짓고 기독교와 숭미사상을 퍼뜨렸으며 장차 조선을 지배하기 위한 준비작업을 수십 년 동안 진행했습니다. 이것은 미국이 조선 사람들을 동정하고 있는 듯이 가장하며 종교의 탈을 쓰고 자기의 세력을 조선에 부식하기 위한 음흉한 책동이었습니다."

그 이름을 사사기에 나오는 반석에서 따온, 신앙심 깊었던 어머니와의 추억도 이렇게 바꾸어버린다.

"어느 날 어머니에게 물어보았다. '어머니는 하느님이 정말 있어서 례배당에 다니시나요?' 어머니는 웃으면서 머리를 가로 흔들었다. '무엇이 있어서 다니는 건 아니다. 죽은 후에 천당 가서는 뭣하겠니? 사실은 너무 피곤해서 좀 쉬자고 간다.'고 대답하셨다."

주체사상의 결과로 역사를 창조하는 주체로서의 인민 대중은 수령의 지시를 무조건 따라가는 무기력한 객체로 전락했다. 북한은 죽은 김일성과 김정일이 '새 생명'을 인민 대중에게 던져주는 희한한 신정국가가 되어 버렸다. 탈북자들 교회에 데려가면 대부분 비슷한 반응 나온다. 어, 이거 주체사상이랑 되게 비슷한데요?

앨리스도 없는 이상한 나라, 북한 이야기 ②

북한을 지칭하는 명칭에는 여러 가지가 있다. 흔히 쓰는 김씨 왕조王朝에서부터, 국가는 붕괴했으나 정권은 살아 있는 나라라는 의미에서 좀비 국가 등. 그러나 이 모든 것을 뭉뚱그려 말한다면 한마디로 '이상한 나라'다. 뭐가 어떻게 이상한지 아주 사소한 일상에서 출발해 보자.

북한에는 7월 8일이 생일인 사람이 없다. 이날 태어난 아이들은 출생일을 바꿔 다른 날로 호적에 올려야 한다. 7월 8일은 김일성이 사망한 날이기 때문이다. '어버이 수령'이 죽었는데 감히 노래하고 기뻐하며 잔치를 벌이다니. 있을 수 없는 망령된 일이다. 당연히 이날에는 결혼식도 하지 못한다. 사망한 날만 규제의 대상이 되는 게 아니다. 김일성의 생일인 4월 15일과 김정일의 생일인 2월 16일에 태어난 사람도 생일을 바꿔야 한다. 그 특별한 날은 오직 한 사람만을 위해 바쳐져야 하기 때문이다.

북한에는 김정은이라는 이름이 없다. 아니 딱 한 사람 있다. 1983

년에 태어난, 우리가 알고 있는 그 '김정은'이 정은이라는 이름을 쓰는 유일한 사람이다. 수령의 뒤를 잇는 위대한 인물의 이름이 저잣거리에서 함부로 불리는 일은 있을 수 없기 때문인데 이거 어디선가 들은 적이 있는 이야기다. 그렇다. 조선 시대에는 왕의 이름을 함부로 부르거나 쓰지 못했다. 특히 과거 시험에서 실수로 왕의 이름자를 넣어 글을 지었다가는 벼슬길은커녕 그걸로 인생이 끝이었다. 그래서 왕의 이름은 일반적으로 잘 쓰지 않는 희귀한 글자를 골랐다. 백성들의 생활에 불편함을 주지 않기 위한 배려였다. 500년 전의 이야기다. '정은이'뿐만이 아니다. 북한에는 김일성이라는 이름도, 김정일이란 이름도 심지어는 김일성의 본명인 김성주나 김정일의 생모인 김정숙, 할아버지인 김형직, 할머니 강반석의 이름도 금지다. 성이 다르고 이름만 같아도 마찬가지다. 혹시 믿기지 않는다면 금강산 관광을 가서 '일성아~'를 소리 높여 외쳐보라. 사망 소식으로 그날 9시 뉴스에 나올 것이다. 남북 관계가 좋아지면 김정은은 현대 아산 현정은 회장을 만날까. 내기를 해도 좋다. 절대, 안 만난다. 현정은 회장이 이름을 바꾸기 전까지는 절대 안 만나줄 것이다. 현대 아산에서는 다른 것 다 제쳐두고 이 문제부터 해결해야 한다.

북한은 숫자에 예민하다. 김정은은 앞서 말한 대로 1983년에 태어났다. 그런데 공식적으로는 1982년생이다. 할아버지 김일성이 1912년생이고 아버지 김정일이 1942년생이기 때문에 2자로 끝자리를 통일한다고 벌인 일이다. 생년이 무슨 랩의 라임도 아니고 참 대단하다. 김정은의 생일은 1월 8일인데 당연히 공휴일이다. 모택동이나 카스트

로도 자신의 생일을 공휴일로 삼지는 않았다. 세계 독재사史에서 생일을 공휴일로 한 사람은 루마니아의 독재자, 니콜라에 차우셰스쿠 정도가 유일하다. 그는 1989년 민중 봉기의 결과로 처형됐다. 차우셰스쿠 정권 붕괴 때 북한의 지도부가 공포에 떨었다는 이야기는 널리 알려져 있다. 떨기만 하고 반성은 안하는 모양이다.

참혹한 현실 대신 이런 일상의 이야기를 한 것은 이런 나라에서라면 그 어떤 일이 일어나더라도 하나도 이상하지 않을 것이기 때문이다. 여기서 '그 어떤 일'이란 인권을 부정하고 말살하는 일체의 행위를 말한다. 그리고 그 행위의 구체적인 명사는 고문과 감금 그리고 살해이고 당하는 입장에서는 통곡과 죽음일 것이다. 그냥 재미로 하는 얘기로 맺는다. 666은 전체주의를 경계하는 사람들에게 아주 특별한 숫자다. 6을 세 번 곱하면 216이다. 2월 16일은 김정일의 생일이다.

그 누구에게도 없는 타격장비

우리 언론은 툭하면 김정은을 철부지 취급한다. 하는 짓만 놓고 보면 틀린 말은 아니다. 능라유원지 준공식 때는 자기 기분 맞추라며 '바이킹'보다 더 무섭다는 '회전매'에 고모인 고령의 김경희를 태워 반 죽게 만들었다. 최근에는 온 나라에 스키 바람이 불 것이라며 마식령에 스키장을 건설 중이다. 인민의 삶은 인류 최악을 향해 진격 중인데 그는 별세계 디즈니랜드에서 따로 놀고 있다는 것이 대부분의 논지다.

김정은은 남쪽 언론의 이런 보도에 어떤 반응을 보일까. '내 지능을 체중보다 낮게 보고 있네!' 하며 분통을 터트릴까. 소생 이런 상상을 해본다. 격분하기는커녕 어쩌면 밀실에서 실실 웃는 것은 아닐까. 손자병법에 '병자궤도야兵者詭道也'라는 구절이 있다. 전쟁은 상대를 속이는 게임이라는 뜻이다. 그 첫째 항목은 이렇다. '능력이 있으면서도 능력이 없는 것처럼 위장한다.' 김정은은 스물아홉 살에 군주로 등극했다. 왕자들에게 세자 책봉 전까지는 피를 말리는 시기다. 암투가 소용돌이치는 이 시기를 그는 성공적으로 돌파했다. 우리에게는 잘 알려지지 않았지만 가장 강력한 라이벌이자 김정일이 끔찍이 사랑한 딸인 이복 누나 김설송과 연대하는 데도 성공했다.

나이가 어리다? 김정은의 29년은 일반인의 29년과 다르다. 일반인이 29년 기다려야 한 번쯤 만날 만한 인물을 그는 매일 만났다. 오직 한 사람만을 위해 제공되는 최고의 교육을 받았고 사람 다루는 데 도 사였던 아버지를 보고 배웠다. 생물학적 나이로만 따져 단순한 '청년' 으로 보면 곤란하다는 말씀이다. 이 청년이 3년 내에 무력 통일을 하겠다는 발언을 했다. 이제 남쪽에서 이 말에 '쪼는' 사람은 없다. 병이 도졌구나, 우리를 둔감하게 만드는 게 애초 목적은 아닐까 싶기는 하지만.

실은 이 청년의 발언 중 걸리는 게 하나 있다. 작년 2월에 이런 말을 했다. "우리는 미국의 핵무기보다 더 위력적인 전쟁 수단과 그 누구에게도 없는 최첨단 타격 장비가 있다." 청년의 말을 받아 북한군 최고사령부는 지금까지 있어본 적이 없는 특이한 수단과 우리 식의 방법을 쓰겠다고 협박했다. 이게 걸린다. 지금까지 있어본 적이 없는 것이라니. 보통은 전산망 공격, 전자파 교란, 화생방 무기를 탑재한 장사정포나 미사일 공격 등이 도발의 수단으로 꼽힌다. 그런데 문제는 그게 다 들어본 것이라는 사실이다.

얼마 전 베트남의 전쟁 영웅 보응우옌잡이 사망했다. 그의 3불 전략은 유명하다. 적이 원하는 곳에서 싸우지 않는다, 적이 원하는 시간에 싸우지 않는다, 적이 생각하지 못하는 전술로 싸운다. 상대편 입장에서는 정말 싸우기 싫은 상대였을 것이다. 탁월한 전술가였던 이 사람의 무기는 땅굴이었다. 프랑스와 전쟁할 때 47킬로미터를 뚫었고 미국과 전쟁할 때 250킬로미터까지 늘어났다. 여기서 시도 때도 없이 베트콩이 튀어나왔다. 호미와 바구니로 25년에 걸쳐 팠다고 한다. 땅굴이라고 하면 우중충한 동굴을 떠올리기 쉬운데 2층, 3층 구조로 된 정교한 군사시설이다.

청년의 할아버지 김일성은 1968년 땅굴 하나가 핵무기 열 개보다도 더 위력이 있다고 강조했다. 말해놓고 안 팠을 리가 없다. 그로부터 40여 년이 흘렀다. 김대중 정부 때는 한 방송국의 땅굴 발견 보도를 자연 동굴이라고 묵살했다. 현재 대한민국 정부의 공식 입장은'땅굴은 없다'이다. 과학적으로 그렇단다. 북한의 핵은 그들 주장대로 자위용이고 진짜 공격 무기는 따로 있다면? 섬뜩한 일이다. 우리는 요새, 좀 교만하다. 성경에도 나온다. 교만은 패망의 선봉이요….

퍼포먼스

달을 가리키는데 손가락은 왜 보나. 선사의 말씀인데 세상에는 이 손 가락 때문에 예상치 못한 결과가 발생하는 경우가 종종 있다. 80년대 초반 북한 방송에서는 5.18 기록 영상을 심심찮게 틀어줬다. 이유는 빤한데 문제는 북한 주민들이 달이 아니라 '손가락'에 주목했다는 거 다. 정확히는 손가락이 아니라 '손목'에. 이럴 수가. 당 간부나 차고 다 니는 시계가 시위대의 손목마다 달려 있었던 것이다. 그렇잖아도 가 끔 해안으로 밀려온 남쪽의 '때깔' 좋은 라면 봉지를 보며 혹시 남쪽 이 잘사는 건 아닐까 품었던 의구심에 확신을 심어준 셈이다. 편성 담 당자는 지금쯤 볕 안 드는 어디 외진 산골에서 맨손으로 돌을 깨고 있 을지도 모르겠다.

88 서울 올림픽 때도 비슷한 일이 있었다. 80년 모스크바 올림픽 은 아프가니스탄 침공을 이유로 자유 진영이 불참했다. 84년 로스앤 젤레스 올림픽은 그에 대한 보복으로 사회주의권이 외면했다. 다들 왜 이러니 IOC에서 중재에 나섰고 그 결과 어렵게 성사된 것이 12년 만에 동서 양진영이 만나는 88 올림픽이었다. 소련의 속셈은 88 올림

픽을 선전의 장으로 삼아 의식주 걱정 없이 사는 사회주의 소련 인민들의 행복한 삶을 세계에 보여주려는 것이었다. 그런데 기획 의도와는 달리 정작 소련 인민들의 시선을 빨아들인 것은 경기장 밖 언뜻언뜻 비치는 서울의 화려하고 역동적인 모습이었다. 서구가 잘사는 건 제국주의적 착취 때문이고 그나마도 일부 계층에 한정된 것이라던 논리에 금이 쨍 갔다. 후일 소련 공산당 간부들은 88 올림픽이 뇌사상태에 빠져 있던 소련 사회주의에게서 인공호흡기를 제거해 버린 사건이었다고 고백했다. 실제로 3년 뒤 소련이라는 최초이자 최강의 사회주의 국가는 간판을 내렸다. 〈조선일보〉 러시아 특파원을 지냈던 동원대 황성준 교수의 책, 《유령과의 역사 투쟁》에서 읽은 얘기다.

'고양이 받침대' 낸시랭과 그 일당들이 얼마 전 박정희 전 대통령의 생가를 방문해 퍼포먼스를 펼쳤다. 낸시랭은 대통령 사진의 뺨에 뽀뽀를 했고 일당 중 하나는 육영수 여사의 얼굴에 가운뎃손가락을 들이밀었다. 논란이 일자 낸시랭은 예의 손가락 타령을 늘어놓았다. 손가락이 육영수 여사가 아니라 '무지와 폭력'에 물든 사람들을 가리키는 거라는 설명이다. 무지와 폭력에 물든 사람들이라, 대체 누구를 말하는 것일까. 추측은 가능하다. 지난 18대 대선, 여당의 무덤이라는 전남에서 이변이 벌어졌다. 고흥군 도양읍 투표소에서 박근혜 득표율이 60퍼센트를 넘은 것이다. 어디냐면 나환자들이 모여 사는 소록도로 육영수 여사가 세칭 '문둥이'들의 눈물과 고름을 닦아주었던 곳이다. 그러니까 박근혜, 육영수, 소록도 세 점을 하나로 이어 육 여사에 대한 보은으로 표를 몰아주었다며 소록도 주민들을 '무지'와 폭력에 물든 사람들로 비하한 것으로 여긴다면 소생 너무 나간 것일까.

한편 낸시랭의 키스 퍼포먼스는 영화 〈보니 앤 클라이드〉(한국 제목 〈우리에게 내일은 없다〉)를 베낀 것으로 보인다. 영화 속에서 여성 강도 보니는 사로잡은 보안관의 뺨에 키스를 선물한다. 당신, 나한테 진 거야, 라는 모멸의 뉘앙스다. 살아 있는 사람에게는 뭘 해도 상관없다. 망자에 대해서는 최소한의 예의는 지켜야 한다. 그건 퍼포먼스 이전의 문제다. 만약 부엉이 바위에서 반 노무현 세력이 '부엉이 바위 점프' 퍼포먼스를 한다고 해보자. 그 누구도 잘했다 소리 안 한다. 실은 퍼포먼스도 그렇다. 풍자이되 조롱이지 않고 웃음을 줄 수 있는 것이 퍼포먼스다. 하다 보니 말이 아깝다. 말은 인간하고나 하는 것이다. 요쯤에서 낸시랭, 억울하다며 특유의 잡아떼기로 이렇게 항변할지 모르겠다. "어머, 상상력도 풍부하셔. 제가 언제 그런 깊은 생각을 했다고 그러세요. 그리고 저, 〈보니 앤 클라이드〉라는 영화는 처음 들어봐요. 그런데 영화에서 보니는 어떻게 돼요?" 소생, 낸시랭의 평소 말투를 빌어 요렇게 대꾸해주고 싶다. "죽어요~ 앙."

나도
복지가 좋다

실은 나도 복지가 좋다. 그냥 좋은 정도가 아니라 매우 심하게 좋다. 사는 일은 팍팍하고 아이들은 들풀처럼 쑥쑥 자란다. 나이 먹으면서 아픈 데는 대책 없이 늘어난다. 요람에서 무덤까지, 삶의 주기마다 필요한 걸 국가에서 챙겨주겠다는데 마다할 이유가 없다. 그런데 왜 쌍수 들어 환영할 일에 이렇게 '태클' 거는 글을 쓰고 있는 것일까. 먼저 복지라는 단어를 자세히 살펴보자. 복지福祉의 지祉자에는 두 개의 뜻이 있는데 하나는 복福이란 의미이고 다른 하나는 하늘에서 내리는 행복이란 뜻이다. 하늘에서 내리는 행복이라. 성경, 출애굽기를 보면 모세라는 왕자 출신 지도자 모세를 따라 이집트를 탈출한 이스라엘 백성들의 이야기가 나온다. 야훼는 이들을 위해 만나라는 신비로운 양식을 하늘에서 내려준다. 40년간 뿌려졌으되 날마다 그날 먹을 만큼 이상은 내려오지 않았다. 말하자면 인류 최초의 무상급식이었다. 문제는 하늘에서 내리는 이러한 행복이 인류 역사상 처음이자 마지막이었다는 사실이다. 그것도 인간이 인간에게 베푼 것이 아니라 창조주가 피조물에게 던져준, 다른 종種 간에 발생했던(그런 의미에서 복지라는 단어는 유토피아와 상통하는 구석이 있다).

현실에서의 복지는 하늘에서 떨어지는 것이 아니라 지갑에서 나온다. 피같이 소중한 개인의 돈이 국가의 징세권에 의해 나라 곳간에 쌓여 있다가 풀려나오는 것이다. 복지를 확대한다? 재원 마련으로 두 가지 방식이 가능하겠다. 첫 번째는 거두지 못했던 새로운 조세 시장에서 재원을 확보하는 방법이다. 두 번째는 기존의 징수량을 늘이는 것이다. 두 번째부터 살펴보자. 인간이란 게 본래 얻는 것보다 잃는 것에 민감하다. 획득의 이익을 설명하는 것보다 손실의 공포를 안겨주는 것이 효과적이다. 집 앞의 눈을 쓸면 만 원을 준다고 해보자. 그까짓 만 원 안 받는다. 추우면 안 나간다. 이번에는 눈을 안 쓸면 만 원을 벌금으로 뺐겠다고 해보자. 폭풍이 몰아쳐도 다 나온다. 마찬가지다. 복지를 확대한다고 할 때는 찬성이지만 그 조건으로 각자의 지갑을 더 열어야 한다면 아마 다들 손사래를 치며 지금으로도 충분하다고 말할 것이다. 현재의 복지 제도로도 재정은 이미 휘청거리는 중이다. 건강 보험은 2030년 50조 원의 적자가 예상되고 국민연금은 2060년 바닥까지 마른다. 현행 복지 제도를 유지하기만 해도 2050년이면 국가 채무 비율이 지금보다 네 배 증가한다. 국가 채무는 결국 국민들이 감당해야 할 빚이고 그러자면 지금보다 두 배 더 내야 한다고 한다. 현행대로 유지하는 데만 말이다. 그런데 거기에 보태 더 내라고?

새로운 조세 시장도 그렇다. 앞서 말한 대로 빼앗기는 일에는 사생결단하는 게 인간이다. 농협과 신협 예금의 비과세 혜택을 없애겠다는 정부 발표를 업계와 지역구 의원들이 똘똘 뭉쳐 온몸으로 막아냈다. 겨우 2천억 원 더 걷히는 일이라고 한다. 소생이 '겨우'라고 말한 것은 간이 부어서가 아니다. 그런 식으로, 감면 등의 혜택을 없애는 것으로 마련하겠다는 재원의 액수가 조 단위이기 때문이다. 조세 저항 운동을 넘어 조세 저항 투쟁 전선이 결성될지도 모른다. 지하경제 양성화는 잘 모르겠다. 애초에 음지에서 양지를 지향하던 경제도 아니고 정책이 있으면 대책이 있는 법이니 아마 만만치 않을 것이다. 10억 주면 기꺼이 감옥에서 1년을 보내겠다는 고등학생이 절반인 나라다. 안 내던 세금을 내느니 감옥행을 택할 어른들은 더 많을 것이다. 그다지 낙관적이지 않다는 말씀이다.

결론은 이미 나왔다. 세금은 더 내기 싫다. 더 걷힐 것 같지도 않다. 당연히 현행 복지 제도를 유지하면서 선별과 효율을 구사하는 게 맞다. 선별과 효율에 대해 말하자면 기막힌 사례가 있다. 소생과 같이 사는 여자는 학교 선생이다. 매일같이 학교에서 우유를 몇 개씩 가져온다. 아이들이 안 먹고 '버리고' 간 것이란다. 받는 것을 거절하지는 않지만 버린다. 아이들이 버린 것을 그 정도는 돈 주고 사먹을 수 있는 소생이 공짜로 마신다. 이런 게 비효율이고 이런 걸 바로잡는 게 선별과 효율이다. 그런데 왜 논의가 자꾸만 확대되는 것일까.

그것은 복지가 상품이기 때문이다. 다만 조금 다르게 봐야 할 것은 경제 시장에서의 상품이 아니라 정치 시장에서의 상품이라는 사실이다. 경제 시장에서의 상품 구입은 그 이익과 피해가 철저하게 구매자의 몫이다. 그러나 정치 시장에서는 사정이 다르다. 잘못된 상품을 구입했을 경우 피해는 국민 전체에게 돌아간다. 내가 집중적으로 손해 보는 일이 아니니 꼼꼼히 비교해가면서 분석할 필요가 없다. 잘못된 선택을 했을 경우에도 피해가 즉시 발생하기보다는 지각이 보통이다. 몇 년 후에나 발생할 불행에 대해서는 둔감한 게 인간이다. 담배 피우면 암 걸려 죽는다는데 죽어라 안 끊는 것과 같은 이치다. 심지어 구매에 따른 피해가 세월을 건너뛰어 다음 세대로 이월되기도 한다. 책임에서 자유로워지는 것이니 신중을 기할 이유는 더더욱 줄어든다. 그래서, 바로 그런 이유로 정치 시장에서의 상품은 더 세심하게 살피고 골라야 한다. 다음 세대를 골탕 먹여서도 안 되지만 나중에는 그 골탕을 나눠 마실 공산이 크기 때문이다. 지난 총선과 대선을 비롯한 각종 선거에서 여, 야는 같은 상품을 팔았다. 복지라는 상품이다. 국민들에게는 다만 누구에게서 그 상품을 살 것인가에 대한 선택권만이 있었던 셈이다. 여기서 발생하는 것이 포퓰리즘이다.

두산 백과에 따르면 포퓰리즘은 정책의 현실성이나 가치판단, 옳고 그름 등 본래의 목적을 외면하고 일반 대중의 인기에만 영합하여 목적을 달성하려는 '정치 행태'를 말한다. 너무나 명료한 정의다. 먼저 현실성이다. 살펴본 대로 그리고 상식에 비춰 증세 없는 복지 확대는 없다. 복지 상품 판매자들은 구매 비용에 대해 명확하게 설명하지 않았다. 야당의 경우 구매 비용을 당신이 부담하는 것이 아니라는 뻔뻔한 상술을 구사했다. 그럼 누가? 그들은 답으로 대리 납부자로 부자와 기업을 찍었다. 자, 이 상품을 사세요. 비용은 그들이 부담할 겁니다. 기업에 물어보기는 했나. 기업은 이윤추구 집단이지 사회복지 재단이 아니다. 돈을 벌기 위해 존재하는 집단에게 앞으로 당신들의 목표는 세금을 더 많이 내는 것입니다 하면 의욕이 꺾일까 살아날까. 그리고 말 난 김에 기업은 '가난한 집 맏아들'이 아니다. 혹시 그랬더라도 맏아들 역할은 할 만큼 했다. 국내 30대 그룹의 임직원 수는 100만 명 수준이다. 이들이 자기 포함 3인 가족을 형성한다고 가정할 때 300만 명이 그 기업 덕분에 먹고산다. 협력업체로 범위를 넓히면 그 수는 몇 배로 늘어난다. 투자자들도 이익을 나눠가졌다. 현대 자동차 주식으로 돈을 번 사람도 현대 자동차의 수혜자다. 세금도 냈다. 대략 이익의 4분의 1을 세금으로 냈다. 못된 짓 하다가 걸려 틈틈이 과징금도 낸다. 부자와 기업에 대한 징수는 마땅히 내야 할 것 그 이상도 이하도 아니어야 맞고 옳다.

다음은 가치판단이다. 이건 도덕성에 관한 문제라고 해도 되겠다. 우리는 타인으로부터 경제적인 도움을 받을 때 부끄러움을 느낀다. 어지간해서는 두 번 손 못 벌린다. 그런데 중간에 국가라는 비인격적 매개체가 있으면 자존심이 덜 상한다. 슬슬 무상으로 지급되는 혜택에 익숙해진다. 도덕성은 날로 얇아지고 근로 욕구는 희미해진다. 이게 과연 인간이 살아가는 올바른 방식인가. 오해의 여지를 무릅쓰고 과감히 '지르자면' 퍼주기식 보편적 복지는 개인의 자존감을 박탈하고 빈곤의 영속을 조장하는 최악의 정책이다. 복지는 탈탈 털어봐야 그야말로 달랑 몸뚱어리 하나여서 하루 일을 못 나가면 사흘째부터는 생계가 막막해지는 진정한 취약계층에 대한 배려로만 작동해야 한다.

복지 함정, 복지 의존성도 문제다. 국민기초생활보장제도의 수급자가 되면 4인 가족 기준 최대 월 136만 원이 지원된다. 이 돈으로는 부실하게 먹고 대충 배우는 수밖에 없다. 빈곤과 질병과 저학력이 물려 돌아간다. 수급자를 확대할 것이 아니라 수급 대상자에서 탈출하고 싶은 욕구를 자극하고 그들이 일할 수 있는 환경을 제공하는 것이 진정한 복지라는 이야기다(하도 여러 사람이 얘기하다 보니 좀 식상하긴 하다). 소비적 복지가 아닌 생산적 복지로. 그럼 정책은 뭐냐고? 허용된 면도 없지만 실력도 없다. 그러기 위해서는, 으로 시작되는 이야기는 전문가들에게 넘긴다. 소생은 그저 상식적인 선에서 선별과 효율 그리고 곳간의 붕괴와 국민 의식의 저급화에 대해 말하고 싶었을 뿐이다.

인류 최초의 무상급식 이야기로 마무리해보자. 야훼는 만나라는 신비로운 양식을 하늘에서 내려준다. 이스라엘 백성은 그 생활에 길들여져 새로운 삶의 형식을 고민하지 않고 40년 긴 세월을 광야에서 보냈다. 만약 만나가 없었다면 모세의 리더십은 자주 시험받았을 것이며 야훼는 일찌감치 부정당했겠지만 이스라엘 백성이 감수해야 했던 고난의 행군은 어떤 방식으로든 훨씬 빨리 끝났을지 모른다. 무상급식은 이같이 난민 수용소, 절대 빈곤국이나 이에 준하는 상황에서나 발동하는 것이다. 그나저나 목사님께 또 한 소리 듣게 생겼다. 거참, 제발 성경을 당신 맘대로 해석 좀 하지 말라니까.

---

* 통계와 수치는 현진권 교수의 '정치 포퓰리즘과 그 탈출구', 권혁철 박사, 우석진 교수의 '집단주의에 갇힌 개인의 자유와 책임', 김정호 교수의《다시 경제를 생각한다》에서 재인용했음을 밝힌다.

행정이란 무엇일까

올해 들어 이런 까다롭고 난해한 원고 청탁은 처음이다. 글 쓰는 일이 그다지 어렵지 않아 책상에 앉으면 서너 시간으로 뚝 끝내는 게 보통인데 하루를 다 쓰고도 갈피조차 잡지 못했다. 평소 소생의 글을 재미있게 읽었다며 청탁 동기를 밝힌 그분이 밉다.

행정. 도무지 짐작이 가지 않는 알 수 없는 단어다. 소생이 행정에 대해 아는 건 딱 두 가지다. 독일의 공법학자 포르스트호프가 말한 "행정은 묘사할 수는 있으나 정의할 수는 없다(청탁을 받았을 때 이 말을 떠올렸어야 했다)."는 정의 아닌 정의와 '행정의 달인', 고건이라는 인물 슬로건이다. 둘 다 별 도움이 안 된다. 사실 일반인들이 행정이란 걸 접할 기회는 많지 않다. 기껏해야 동사무소에서 등본 떼는 일이 전부인데 이 용무는 클린이니 공정을 따질 '깜'이 아니다. 짧고 간결하여 친절이나 불친절이 개입될 여지조차 없다. 괜히 친절해 보이겠다고 마트 계산대를 벤치마킹해 서류 내주면서 "400원이세요." 같은 말을 하지 않는 것이 다행일 수도 있겠다. 아 정말 행정, 너 뭐냐.

차승원과 박용우가 나왔던 영화가 있다. 〈혈의 누〉라는 작품인데 거기에 재미있는 퀴즈가 나온다. 중앙에서 파견된 차승원은 자신의 아버지가 자기 어릴 때 냈던 문제를 다른 이들에게 들려준다. 문제를 옮겨본다. 독자들도 한번 풀어보시라.

지름이 60보인 원에 내접하는 정오각형 모양의 밭이 있다. 이 밭 세 평방 보에서 수확되는 보리의 양이 30되인데 아홉 명의 소작농이 1년 동안 일해 나온 보리의 8할을 그 지주가 갖게 된다. 어느 해에 흉년이 져 이 밭의 3할에서만 수확이 되었다면 지주가 가져갈 보리는 몇 섬인가?

셈에는 젬병인 소생은 듣는 순간 포기했다. 내 머리로 어디 감히 저런 걸. 영화 속 인물들도 머리만 긁는다. 허허, 난해하네. 정현수와 분율을 이용해 셈을 하면 답이 나오려나, 같은 소리만 오가는 중 하나가 손을 든다. "서른네 섬 아닌가요?" 차승원은 빙그레 웃는다. 물론 계산상으로는 그렇지요. 그러나 아버님이 원한 답은 그게 아니었습니다, 하며 차승원이 밝힌 답은 지주는 한 섬도 가져가서는 안 된다, 였다. 흉년이 들었으니 소작농의 생계를 위해 산술적인 계산으로 처리해서는 안 된다는 얘기다. 그 장면을 떠올리다가 문득 이런 게 행정이 아닐까 하는 생각이 들었다. 편의 행정과 편의주의 행정 사이의 차이라고나 할까, 감성 행정(이런 개념이 성립 가능하다면)이라고 할까.

영화 속에 자주 등장하는 행정에 대한 유머가 있다. 경찰이 사체를 발견한다. 딱 보니 단서는커녕 시신 식별도 어렵다. 둘러보던 경찰이 안도의 한숨을 내쉰다. "우리 구역이 아니네." 골치 아픈 일은 제발 다른 부서에서 터져라, 변종 님비NIMBY 심리의 발로다. 우리 역사에서도 이런 일은 종종 등장한다. 여덟 달 월급이 밀린 병졸들이 호조판서의 집으로 몰려간다. 한 목소리로 항의하자 호조 판서 태연하게 이렇게 받는다. "우리 소관이 아닐세. 호조와는 관계가 없으니 선혜청에 가서 문의하게." 이 말에 분노 폭발한 병졸들이 사방으로 몰려다니며 난리를 피운 것이 임오군란의 시작이다. 병졸들이 나라의 왕비까지 잡아 죽이겠다며 살기를 피웠다. 호조판서가 틀린 말을 한 것은 아니었다. 그러나 그가 병졸들의 이야기를 마음으로 들어주었다면, 한꺼번에 말하면 다 들을 수가 없으니 대표로 몇을 뽑아 조곤조곤 이야기해보세 했다면 그렇게까지 번지지는 않았을 불이었다.

행정의 달인, 고건 전 총리는 대체 뭘 어떻게 했기에 달인 타이틀을 달았을까 찾아보았더니 난데없이 지방 행정의 달인이라는 항목들이 뜬다. 보니 안행부에서 해마다 행정 분야에서 최고의 경지에 이른 공무원을 선정해 시상을 하는 모양이다(이 안행부 명칭부터 좀 바꿨으면 좋겠다. 어감이 참 별로여서 안 행복한 세상을 만드는 데 기여하겠다는 것처럼 들린다. 반대로 여성가족부를 줄인 여가부는 왠지 편안하고 여유 있게 느껴진다). 구체적으로 어떤 것들이 뽑히나 봤다. 지역 연꽃단지 조성, 골목 투어 프로그램 기획, 상수도 시설 유지관리 등이 그 내용이다. 아하, 이런 게 행정이구나. 사람들이 좀 더 편하게 살 수 있도록 옆에서 보조해 주는 일. 충분히 공감이 가고도 남는다. 게다가 휴일까지 반납해가며 이룬 성과란다. 이런 행정만으로 세상이 채워진다면 더 바랄 것이 없겠다. 이런 자발적 노력과 달리 오로지 명령에 의해 기계적으로 수행된 끔찍한 행정도 있다.

깡 켁 이우는 캄보디아의 평범한 수학 교사였다. 1964년 공산당에 입당하고 두크라는 새 이름을 받았다. 성실했던 그는 공산 캄보디아에서 프놈펜의 고등학교를 개조한 S-21 교도소의 소장을 맡았다. 그곳은 '죽음의 공장'이었다. 겨우 4년 동안 무려 1만 2000명이 살해됐다. 두크는 수감자들로부터 자백을 받아내는 데 있어 철저했다. 손톱과 발톱은 기본으로 뽑았고 전기고문에 무자비한 구타로 원하는 답을 들었다(물론 진실이 아니라 그가, 당이 원하는 답이다). 나는 반동분자입니다. 나는 스파이입니다, 토설하는 순간 그 즉시로 처형됐다. 아니 처형이 아니라 도살이었다. 두크는 그 모든 행정을 '앙카르(조직)'의 지시라는 명분으로 수행했다. 1700만 명의 목숨을 앗아간 '킬링필드'는 이런 무감정한 행정이 있었기에 가능했던 것이다. 자신의 일이 살인이 아니라 명령에 의한 행정이었기에 두크는 그 모든 과정을 꼼꼼히 기록했다(정말이지 행정에 충실한 인물이다). 그리고 그 기록으로 인해 법정에 섰다. 티에리 크루벨리에가 쓴 《자백의 대가》라는 책에 나오는 내용이다. 깡 켁 이우의 케이스는 분노를 학문의 영역으로 승화시키는 데 일가견이 있었던 미국의 한나 아렌트가 쓴 《예루살렘의 아이히만》이라는 책에서도 찾아 볼 수 있다. 1961년 홀로코스트의 주역이었던 나치 '공무원' 루돌프 아이히만의 전범재판에서 그녀는 '너무도 진부하고 평범한 악의 모습'을 보고 놀랐다.

그에게 학살은 '업무'였을 뿐이다. 루돌프 아이히만뿐만이 아니다.

나치의 의사들은 병들어 노역이 불가능해 가스 수용소로 보내야 하는 수인들을 판별하는 데 있어서도 역시 행정이라는 이름으로 그 업무를 처리했다. 자신의 의학적 전문 지식에 기반, 병자를 골라내는 것까지가 그들의 소임이라 생각했다. 그 선발자들이 가스실에서 손톱으로 콘크리트 벽을 긁어대며 죽어간 것은 자신들의 일과는 무관하다고 여겼다. 서류에 이름을 기입하고 퇴근하여 그들은 가족과 평화롭게 저녁을 먹었다. 그들은 법정에서 태연하게 이렇게 증언했다. 저는 위에서 지시한 대로 했을 뿐입니다. 말 그대로 '사람 잡는' 행정이었다.

공정한 사회로 가는 길에 클린 행정이 필요한 건 당연하다. 그런데 과정의 클린, 그 자체만을 목적으로 삼아서는 곤란하지 않을까. 절차상, 서류상 하자가 없고 투명하게 처리되었다고 해서 소임을 다했다고 말해서는 안 되는 이유가 서류에는 그저 인쇄된 이름 석 자뿐이지만 이들은 현실에 존재하는, 피가 도는 사람이기 때문이다. 링컨이 말한 '국민의, 국민에 의한, 국민을 위한(of the people, by the people, for the people)'보다 한 수 높은 게 세종의 여민與民정치다. 영어로는 with the people이다. 업무 처리 대상이 아니라 함께 가는 것, 행정 위에 사람, 뭐 이런 이야기를 하고 싶었다. 제대로 썼는지 모르겠다.

사족 하나.

《예루살렘의 아이히만》을 출간할 당시 한나 아렌트는 지식인 계층의 집중포화를 맞았다. 아이히만을 변호한다는 이유였다. 그녀는 사실과 진실 앞에서 몸을 사리지 않은 용감한 여성이었다.

닥치고
일자리나 만들라니

얼마 전 한국기업공헌평가원에서 주최한 컨퍼런스에 다녀왔다. 문창과 소속이 경계를 이탈하여 주제넘게 그런 자리에 참석한 것은 그 단체 이사장을 맡고 계신 같은 학교 경영대학 이종천 선생 때문이다. 허명虛名에 약한 것을 어찌 아셨는지 불쑥 전화를 하여 양극화로 반反기업 정서가 팽만한 이즈음 우리 기업이 나아가야 할 방향에 대해 국민, 정부 그리고 기업이 서로 공감하고 협력할 수 있는 방향을 제안하기 위한 작업을 하고 있다며 동참을 청했다. 취지에는 동감하오나 아는 게 없습니다, 했더니 친절하게 알려줄 테니 걱정 말라신다. 요약해서 설명을 해주시는데 쏙쏙 들어왔고 기꺼이 수락했다. 친절은 거기까지였다. 막상 컨퍼런스에서 받아 본 통계와 수치로 가득한 자료는 하나도 친절하지 않았다. 안구가 적화될 때까지 읽었으나 역시 수치는 판독이 되지 않았고 문자영역만 뜻을 겨우 짐작할 수 있었으니 대략 다음과 같다. 기업의 공헌을 가치창출과 외화 획득, 일자리 창출 및 국가 경쟁력 제고 등 5개 부문으로 구분하여 평가한 뒤 기업이 이익 및 주주가치 극대화라는 과거의 경영 패러다임에서 벗어나 양극화 해소와 다양한 사회 현안 해결에 자발적으로 참여할 수 있도록 유도한다. 이게 뭐가 어렵냐고? 문장에서 숫자를 걷어내기 전까지는 거의 외계어였다는 사실을 변명에 대신한다. 과도하고 사뭇 감정적인 반反 시장경제 정서를 완화시키는 데 제대로 역할을 하리라 믿는다.

조사 결과 중 흥미롭지만 씁쓸한 대목 하나가 눈길을 끈다. 기업의 역할을 묻는 질문에 전문가들은 가치 창출을 꼽은 반면 일반인들은 일자리 창출이었다. 반면 일반인들의 답변에서 가치 창출은 꼴찌였다. 딴짓하지 말고 닥치고 일자리나 만들라는 얘기다. 이거 어디서 많이 듣던 말투다. 다 필요 없고 돈이나 많이 벌어 오라는, 대한민국 대부분 가정에서 가장에게 던지는 메시지와 본질이 같다. 이런 집안이 제대로 굴러갈 리 없는 것과 마찬가지로 무엇을 창출할 것인가를 놓고 쫙 벌어진 시각차는 대한민국 경제가 가야 할 길이 얼마나 고단할지 알려준다. 소생의 생각은 이렇다. 기업은 존재 자체로 공헌이다. 기업이 이익을 창출하려다 보니 고용이 발생되는 것이다. 일의 순서가 그렇다. 기업은 복지재단이 아닌데도 우리는 가끔 이 사실을 망각한다.

최근 부는 협동조합 열풍도 일자리 창출과 무관치 않아 보인다. 마음 맞는 다섯 사람만 모으라고 그러면 뭐든 할 수 있다고 선전이다. 한동안 유행했던 부자 되세요~라는 말보다 더 공허하고 철없다. 일찌감치 주식회사와의 경쟁에서 밀려 사라진 모델을 21세기에 또 끄집어내다니. 시계를 거꾸로 돌리고 수리해서 쓰면 될 것(기업)을 폐기하자는 소리다. 게다가 협동조합은 1인 1표 원칙에 따라 의사결정이 이루어진다. 당연히 진취적인 결정 절대 안 나오고 안전만 추구할 것이니 창조경제와도 궁합이 아니다. 주식회사는 독창적이고 뛰어난 한 사람의 재능에 묻어간다. 우리는 그런 이유로 주식을 산다. 협동조합이 그렇게 되려면 다섯 명 단위의 조직마다 기발한 범재들이 하나씩은 있어야 하고 또 그렇다고 그의 의견이 항상 채택되는 것은 아니다. 1인 1표 때문이다. 결국 그 리더는 주식회사로 자리를 옮길 것이다. 이것이 협동조합이 주식회사에 패한 이유다.

과민해진 탓일까. '공동체주의자'로 유명한 강단 좌익 마이클 샌델을 그렇게 띄우더니 이어 우리 시대 고통의 근원으로 시장경제를 지목한 칼 폴라니의 이름도 요즘 부쩍 자주 들린다. 프로파간다(선전)를 하자니 이론적인 밑밥이 필요한 모양이다. 우리가 만들어가야 할 세상은 더 좋은 세상이 아니라 덜 나쁜 세상이다. 인간은 수만 년 그렇게 살아왔고 지구를 말아먹기 전까지 또 몇백 년 그렇게 살 것이다. 시장은 나쁘고 공동체는 무조건 좋다는 위험한 발상 앞에 대한민국은 무장해제 직전이다. 선배 한 분은 이런 말씀을 하셨다. "대한민국은 선진국이 되기 싫은 모양입니다."

김정은의
성실한 도발

어느 쪽이냐 하면 소생은 참으로 성실한 편이어서 중고등학교 시절에는 성실하게 불량했고 대학 때는 성실하게 불온하였으며 풍랑 끝에 모난 데가 다 깎여 나간 지금은 성실하게 밋밋하다. 그리하여 성실은 소생의 삶의 지표로, 매사에 성실할 것을 항상 1순위에 두었으며 성실하지 못할까 봐 항시 두려워했고 성실하지 않은 행동을 자책하는 데 성실하지 않은 적이 없다. 소생의 성실 지향은 타인에게도 기준이 되었기에 남도 소생처럼 항상 성실하기를 성실하게 권면하였으나 딱 하나 그만 성실하기를 바라는 이가 있으니 북쪽의 성실한 청년이다. 이 성실하게 비만한 청춘은 매번 성실하게 도발적인데 그 성실함은 집안 대대로 내려오는 성실함으로 그의 할아버지는 3년여에 걸쳐 성실하게 도발을 준비, 모범을 보인 바 있다.

　뭐 청년 입장에서 보면 이해가 안 가는 것도 아니다. 우리 정부는 핵 포기를 전제로 대화를 시작한다. 6자 회담에 나가면 핵 포기가 애피타이저로 테이블에 오른다. 그러나 이는 마치 집에 침입한 강도에게 칼만 내려놓으면 없었던 일로, 잘해주겠다고 회유하는 것과 다를 것이 없어 정상적인 강도라면 하던 대로 성실하게 강도질을 수행하는 것이 합리적이고 이성적으로 타당한 행동이라 하겠다. 그런 이유로 청년에게 그 성실함을 포기하라고 하는 것은 청년이 실성하기를 바라는 것과 별반 다르지 않으며 청년의 짧은 연수로 볼 때 생물학적인 실성이 찾아오기에는 그 기다림의 세월이 기약 없으니 '대략난감'이란 표현은 이럴 때 쓰라고 있는 것 같다.

문제는 청년에게 도발은 단순한 가풍이나 정치적 퍼포먼스가 아니라는 사실이다. 청년에게 그것은 일종의 경제활동이자 외교 행위다. 말은 좀 험악하게 한다. 되돌아올 것이 말뿐이라는 사실을 알기 때문이다. 타깃으로 워싱턴을 거론하기도 하지만 이건 대서양에 잠들어 있는 빈 라덴도 웃을 일이다(여보게 젊은이, 그건 좀 어렵다고 보네). 반면 행동은 조심스럽다. 전면전 같은 건 자기도 싫다. 아직도 북한 주민들은 6·25 당시 북한 하늘을 뒤덮었던 미군 폭격기의 악몽을 꾼다. 그래서 적당히 아슬아슬하게 남쪽으로만 도발한다. 본격적으로 화를 내기도 그렇고 참자니 울화가 쌓일 정도로 딱 거기까지만 한다.

포격이 식상한다고 생각했는지 새로운 메뉴가 등장했다. 무인기라는 아주 깜찍한 소형 비행기다. 길이 2미터 남짓으로 청와대 상공까지 다녀갔단다. 카메라가 달려 있어 처음에는 정보 수집용으로 날려 보낸 줄 알았다. 그런데 분석 결과 1킬로그램 정도의 폭탄을 싣고 오는 것도 가능하다고 한다. 폭탄 대신 다른 것을 탑재하면 어떻게 될까. 북한은 60년대 초반부터 화학무기를 개발했고 탄저균, 페스트 등

생물무기까지 배양할 수 있는 능력을 가지고 있다. 깜찍이 끔찍으로 변하는 순간이다.

미국에서는 무인비행기(드론)로 꽃 배달 서비스를 하고 있고 아마존도 배송 서비스를 드론으로 할 계획이라는 보도를 보고 세상이 참 재미있어졌다 싶었다. 갑자기 하나도 안 재미있다. 세상에 세균 '봉다리'를 배송하는 무인비행기라니. 청년에게 적대적 발언을 하는 인사들의 집 주소를 입력해서 날려 보낸다 가정하면 모골 송연 제대로다. 기종은 골동품이라지만 '골통'이 날아가게 생겼다. 70년대에 '산에서 내려오는 저 사람 간첩인지 다시 보자'라는 표어가 있었다. 이제는 '낮게 나는 저 비행기 무인 항공기인지 다시 보자' 구호가 등장할 판이다. 뚱뚱하다고 놀린 거 사과한다. 그러니 이제 미친 짓 좀 그만하고 자기 백성 먹여 살리는 데 성실하면 안 되겠니.

6·25는 한국전쟁, 임진왜란은 한일전쟁?

홍 판서가 아버지란 건 길동이도 알고 홍 판서도 압니다. 그런데 왜 못 불러 안달일까요. 그것은 이름을 제대로 불러주어야만 현실에서 그 존재가 명확해지기 때문입니다. '내가 그의 이름을 불러주었을 때 그는 나에게로 와서 꽃이 되었다'도 그 맥락이 아닌가 싶습니다.

지난 15년간 우리는 북한을 제대로 부르지 못했습니다. 부르려는 순간 동포니 민족이니 하는 단어들이 앞을 가로막았고 그 순간 실체는 모호해졌습니다. 최근 국정원의 북한 동향 보고서에 '적군敵軍'이라는 단어가 등장했습니다. 그전까지는 북한이 스스로를 호칭하는 '조선인민군'이었죠. 상대가 원하는 대로 불러주는 것, 이런 걸 이적 행위라고 부릅니다.

본연의 자세를 되찾아 기쁘고 또 기쁩니다. 시작은 김관진 국방부 장관이었습니다. 그는 취임 직후 집무실에 당시 인민무력부장 김영춘과 4군단장 김격식의 사진을 걸어놓고 "적장敵將의 생각을 읽기 위해서는 항상 얼굴을 마주 봐야 한다."고 했습니다. 오늘은 또 어떤 도발을 하려고 머리를 굴리고 있을까, 고민하기 위해서였다고 합니다. 든든하고 멋지지 않습니까. 자신은 군인이며 현재는 전시이니 상대는 당연히 적장이어야 맞는 것입니다. 물론 북한에는 동포가 삽니다. 그러나 그 동포에게 총을 쥐여주고 미제의 각을 뜨고 남조선 괴뢰에게 핵찜질을 안겨주자 외쳐대는 정권이 버티고 있는 한 북한은 적이고 그들의 군대는 동포가 아니라 적군입니다.

6·25전쟁을 '한국전쟁'이라고 부르는 사람들이 있습니다. 그건 당사자가 아닌 국외자가 사용하는 표현입니다. 주체가 스스로 제삼자의 호칭을 쓰다니 정신분열도 이런 중증이 없습니다. 그런 식으로 하자면 임진왜란은 '한일전쟁', 병자호란은 '조청전쟁'이겠네요. 인조 임금과 이순신 장군이 무덤에서 벌떡 일어나십니다. 그리고 전쟁에는 반드시 그 전쟁의 의미와 발발 원인이 들어 있어야 합니다. 북한에서는 6·25전쟁을 '민족해방전쟁'이라고 부릅니다. 졸지에 우리는 해방 대상자가 되었습니다. 그래서 우리도 정확히 그 이름을 불러주어야 합니다. 공식 명칭은 '6·25 김일성 침략전쟁'으로요. 후손을 위해 역사에 남기는 기록은 명증해야 합니다.

지난 대선 때, 자격은 없지만 혹시 불러준다면 패널로 나가 대통령 후보들에게 묻고 싶은 것이 있었습니다. 대통령이 된다면 임기 첫해 6월 25일에 어떤 기념행사를 하실 계획입니까. 6·25전쟁은 나라의 정체성과 관련된 매우 중요한 역사이기 때문입니다. 6·25전쟁은 가장 참혹했지만 가장 아름다운 전쟁입니다. 카뮈가 말한 '인간의 위대한 점은 매몰된 한 사람의 광부를 위해 그를 모르는 여러 사람이 기꺼이 목숨을 거는 것'의 전 세계적 확장판이었습니다. 대충 기념식으로 때울 게 아니라 참전한 21개국 정상에게 감사의 편지를 보내고 가능한 한 많은 참전 용사를 초청해서 인간애를 구현한 세계인의 축제로 발전시키면 어떨까요. 어디 붙어 있는지도 모르는 나라에서 누구나 아는 나라가 된 대한민국에서 이제는 해야 할 도리라고 소생, 감히 생각합니다.

4
명랑한
세상사

가끔 면담을 신청하는 학생들이 있다.
일종의 인생 상담인데 이때 중요한 건 해결해 주는 게 아니라
끝까지 들어주는 것이다. 한마디 하기는 한다.
나는 아직 인생 상담을 해줄 나이가 되지 않았고
너는 아직 인생 상담을 받을 나이가 되지 않았다고.
그리고 인생에 상담 같은 게 왜 필요하니.
그냥 사는 거지.
매일매일 최선을 다하면서.

논개

전북 장수 사람 주달문이 딸을 얻었다. 꼽아보니 갑술년 9월 3일 술시였다. 사주 네 개에 모두 개가 들어 있었다. 이름 지으러 간 주달문에게 스님이 말하길 "아예 개를 낳았구나."

귀한 사주라 쉽게 이름을 지을 수 없다기에 고민하던 주달문에게 "경상도 출신 아내 박씨가 벌써 이름을 지어주셨네." 하며 해법을 내놓았다. 경상도에서는 애를 '낳는다'는 표현 대신 '놓는다'고 한다. 해서 나온 이름이 '논개'다. 명월이, 앵앵이 같은 전통적인 이름 대신 논개라는 특이한 이름을 가진 기생(실은 기생이 아니다)이 등장한 기원이다. 기록에 남아 있는 개 넷짜리 귀한 사주는 이로부터 120년 후에나 다시 등장한다. 조선 21대 왕 영조다. 그러면 동급인가. 아니다. 논개가 한 수 위다. 그녀의 팔자에는 개가 하나 더 있어 논개가 가락지로 포박하여 남강에 수장시킨 왜장 이름이 '개아무라 로쿠스게'였다(엄밀히는 개가 아니라 게로 발음하는 것이 맞지만). 운명과 팔자, 재미로 보건 실제로 믿건 이래서 사주풀이는 재미있다.

사주에 칼이 들어 있다는 말에 어머니는 아들이 의사가 되려나보다 좋아하셨다. 조폭 영화에 빠져 있던 중학생은 건달이 되겠구나 생각했다. 나이 들어서 알았다. 그 칼이 물리적인 쇠붙이가 아니라 붓이나 펜의 은유라는 사실을. 글로 밥을 먹을 팔자였다. 아직 부족하여 책 속에 길이 있다는 말은 무슨 뜻인지 모르겠다. 그러나 책 속에 밥이 있고 돈이 있다는 말은 어렴풋이 이해한다. 하버드 졸업생들에게 '다시 태어난다면 어떤 사람이 되고 싶으냐'고 물었더니 절반의 응답자가 '지금보다 글을 좀 더 잘 쓰는 사람'이라고 대답했다. 이들도 글과 밥의 연관성을 눈치챘으리라.

고려시대 과거시험의 최상위는 제술업製述業과 명경업明經業이었다. 명경업은 경서에 밝은 사람을, 제술업은 말 그대로 글짓기 잘하는 사람을 뽑는 시험이었다. 둘 중에서 우위를 가르자면 제술업이 상급. 그 밑으로 기술관을 뽑는 잡업雜業이 있었는데 꼽아보자면 법률 지식을 보는 명법업(사법고시), 산술 능통자를 뽑는 명산업(공인회계사), 의술 실력을 기준하는 명의업(의사 고시), 풍수지리에 밝은 자를 뽑는 지리업(공인감정사)이었다. 고려시대와 지금은 다르다고 생각하시는가. 그렇다면 당신은 세상을 아직 입체적으로 보지 못하고 있다는 증거이다.

"어떻게 하면 글을 잘 쓸 수 있나요?" 그런데 이 질문을 하는 사람도 이미 답을 알고 있다. 이를테면 "어떻게 하면 건강해질 수 있어요?"와 같은 꼴이다. 답에 조금 더 보탠다. 노력이 재능을 이기지 못하고 재능이 재미를 따라잡지 못하는 게 세상 이치다. 그런데 작문의 세계에는 위로 한 단계가 더 있다. 노력과 재능이 많이 읽은 사람을 절대 못 잡는다. 읽은 만큼 나온다. 고등학교 시절 로커가 되고 싶었다. 집에서는 밤새도록 기타만 쳤고 수업시간에는 내리 잤다. 그런데 인간이 의지만으로 잘 수 있는 시간에는 한계가 있어 오후에는 깼는데 그 눈 뜨고 있는 동안 책을 읽었다. 이유는 미국의 포크가수 밥 딜런처럼 멋진 가사를 쓰기 위해서. 록커는커녕 음악과 관련된 일도 하지 못했지만, 그때 읽어둔 책과 습관은 삶의 기반이 됐다. 늦었다고 생각할 때는 진짜 늦은 때다. 그러나 유일하게 예외가 있으니 책 읽기다. 아직도 독서가 계절 맞춤형 취미로 보인다고? 아아, 앞날의 검은 구름 눈물 되어 내린다.

비틀스를 흥얼거린다

탕! 타당!! 탕탕!! 다섯 발의 총성이 맨해튼의 밤하늘을 흔들었다. 쏜 사람은 마크 채프먼, 맞은 사람은 비틀스의 리더였던 존 레넌. 전 세계 남성들의 귀와 전 세계 여성들의 가슴을 사로잡았던 로큰롤 영웅의 허무한 마지막이었다.

그렇게 존 레넌은 갔다. 당시엔 몰랐다. 그 다섯 발의 총탄 중 마지막 한 발이 태평양을 건너와 까까머리 중학생의 심장을 관통했음을. 라디오에서는 조곡처럼 하루 종일 〈예스터데이〉와 〈헤이 주드〉가 흘러나왔다. 며칠 후 AFKN에서 우연히 비틀스 영화 〈렛 잇 비〉를 봤다. 그걸 보는 게 아니었다. 비틀스 4인방이 건물 옥상에서 신나게 연주하는 동안 런던 시민들은 하늘에서 쏟아져 내리는 그 소리에 놀라고 감탄하고 즐거워하고 있었다. 그 유명한 루프탑rooftop 콘서트다. 영화 〈콘택트〉에서 몇 만 광년 우주로 떠난 조디 포스터는 눈앞에 펼쳐지는 장엄한 광경 앞에 할 말을 찾지 못하고 허둥댄다. 너무 아름다워요. 시인이 왔어야 했어요. 장담컨대 제아무리 절창 시인이 와도 그날

소생이 받았던 은혜와 감동의 순간을 표현하지 못한다. 아침에 도를 들으면 저녁에 죽어도 좋다고 했던가. 도뿐만 아니라 레미파솔라시까지 한 번에 들었으니 아 그때 죽어도 좋았어라.

그날 이후 비틀스만 들었다. 외로워도 비틀스, 슬퍼도 비틀스, 기쁠 때는 당연히 비틀스, 그리고 중간고사 기념 하루 종일 비틀스 듣기. 그들의 동영상에 갈증이 났지만 당시에는 인터넷이 없었다. 그 무렵 〈엘비스, 황혼에 지다〉라는 영화가 개봉을 했다. 다큐멘터리도 영화도 아닌 어정쩡한 작품이었는데 거기 비틀스가 나온다는 소문을 들었다. 극장으로 달려가 열 번을 봤다. 그 영화에는 비틀스가 딱 5초 등장한다. 도를 들었더니 도道가 보이기 시작했다.

학업을 작파하고 기타를 잡았다. 죽어라 기타만 쳤다. 강남 기타의 지존 신대철과 속주 기타의 달인 이근형이 목표였다, 고 말하면 거짓말이고 알고 봤더니 주변에 기타 치는 애들이 왜 그리 많은지 걔들 따라잡는 게 당장의 목표였다. 밥 먹고 기타만 친 게 아니라 기타 치면서 틈틈이 밥을 먹었다. 살갗이 벗겨지고 피가 졸졸 흘렀지만 그렇게 가다가는 턱도 없었다. 기타를 싸들고 절에 들어갔다. 그런 인간이 아주 없지는 않았던 듯 밤새 기타 줄을 튕기는 모습에 스님 한마디 하셨다. 성불하세요.

있는 점수 없는 점수 박박 긁어모아 어렵게 간 대학에서 또 보지 말아야 할 것을 보았다. 5·18 기록 영상이었다. 왠지 대학가요제 나가는 게 죄스럽게 느껴졌다. 참가 신청 한 달 전부터 마려운 개처럼 낑낑대다가 결국 꿈을 접었다. 광주에서 사람이 죽었다. 그래서 대학가요제 안 나간다. 고로 나는 떳떳하다라는 참으로 황당한 삼단 논법. 보면 소생 참 줏대가 없는 인간이다. 그리고 영상에는 왜 또 그리 취약한지. 그래도 선택에 후회는 없다. 아무렴 소생뿐이었을라고.

커트 보네거트의 소설 《타임퀘이크》는 이렇게 시작한다. '예술가에게 사명이 있다면 그건 사람들에게 살아 있음을 고맙게 여기도록 하는 것이다. 그 사명을 완수한 사람이 있느냐는 질문에 나는 망설이지 않고 대답한다. 비틀스요. 술 취해 비틀비틀 귀가할 때 소생 종종 비틀스를 흥얼거린다. 덕분에 인생이 뒤숭숭해지기는 했지만 나는 당신들이 참 좋아. 비틀스를 만난 것은 현생 인류의 가장 큰 축복이었다. ♥ 존.

원수 아닌
마땅히 사랑해야 할 것들이라도

'이제 세상에 나아갈 때가 되었으니 조직이 필요하겠구나', 생각한 예
수는 제자 모집 공고를 내걸었습니다. '숙식 제공, 후생後生복리 완전
보장'. 며칠이 지났지만 아무도 찾아오지 않았습니다. 예수는 친히 제
자들을 찾아 나섰습니다. 처음 걸려든 건 갈릴리 바닷가 어부인 베드
로와 그의 형제 안드레였습니다. 예수가 말했습니다. "에, 본인이 선
포하려는 종교의 개념과 미션에 대해 말씀드리자면…." 베드로와 안
드레는 멀뚱거리며 서로를 쳐다보았습니다. '대체 뭐라는 거니?' 잠시
궁리하던 예수는 이렇게 바꿔 말했습니다. "평소 물고기를 잡으시잖
소. 방식은 같으니 이제부터는 나와 같이 사람을 낚읍시다." 그 한마
디에 그들은 '낚였'습니다.

 돌아오는 길에 예수는 공고를 뗐습니다. 그가 찾는 제자들은 글을
읽지 못하고 어려운 말에 소외된 자들 가운데 있었습니다. 예수는 눈
높이에 맞춰 소통할 줄 아는 인물이었습니다. 그렇다고 공자님 스토
리텔링만 늘어놓은 것은 아니었습니다. '쇼킹'한 발언도 상당히 잦았

으니 그 압권은 '원수를 사랑하라'가 아닐까 싶습니다. 사람들은 뒤집어졌습니다. 원수를 사랑하라고요? 차라리 체제를 전복하라고 하십쇼.

그렇습니다. 우리는 돈 몇 푼 떼어먹고 달아난 사람을 원수라고 부르지 않습니다. 하늘을 같이 지지 못하고(불공대천不共戴天) 삼생에 걸쳐 인연을 끊을 수 없는(삼생원수三生怨讐), 말 그대로 하늘에 사무치도록 한이 맺혀야 '원수'라는 호칭을 달아줄 수 있습니다. 그래서 대부분의 사람들은 사랑하고 싶어도 딱히 사랑할 만한 원수가 없는 것이 보통입니다. 보스니아에 말뚝형이라는 형벌이 있습니다. 기다란 막대 끝에 날카로운 쇠를 달고 막대에는 돼지기름을 바릅니다. 다음에는 미리 칼로 입구를 넓혀놓은 사형수의 항문에 막대를 박아 넣습니다. 숙달된 형 집행인은 막대를 복부에 밀어 넣은 뒤 중요한 장기에 '기스'가 나지 않도록 기량을 펼칩니다. 막대는 간, 폐를 지나 심장을 스쳐 어깨 근육을 통해 밖으로 삐져나옵니다. 그 상태로 죽을 때까지 사람들에게 전시한다고 하니 인간이 서로에게 인간이기를 포기한 다음에야 가능한 악행입니다. 이때! 운이 좋아서, 정말 하늘이 돕고 또 도와서 사형수가 기적적으로 살아났다고 칩시다. 이런 경우에나 사형수는 형 집행인을 원수라고 부를 수 있을 것입니다. 사형수가 고통으로 머리가 돌아버리지 않은 다음에야 그를 사랑할 수 있을까요.

말뚝형의 한 단계 위가 예수가 당한 십자가 처형입니다. 영화에서 묘사되는 나무에 매달려 죽어가는 한가한 처형 절대 아닙니다. 너무 잔인해서 지면에 차마 못 옮깁니다. 고통의 극한에서 예수는 이렇게 말합니다. "저들을 용서하소서." 자신은 이미 용서했으나 혹시라도 '아버지'가 노할까봐 가해자들에 대한 배려를 잊지 않았습니다.

예수가 다시 묻습니다. "그래 내 말대로 원수를 사랑하였느냐." 2천 년째 우리의 대답은 한결같습니다. 바빠서 사랑까지는 못하고 일단 원수는 많이 만들어 놨습니다. 눈높이의 달인답게 이렇게 대꾸하실 것 같습니다. "과대평가해서 미안. 그럼 당분간은 마땅히 사랑해야 할 것들이라도 부지런히 사랑해라. 형제나 이웃이나, 마누라나 꽃이나 전봇대나 뭐든. 하다 보면 느는 날도 있겠지(한숨)." 주변에 얼굴 붉혔던 사람 있으면 털장갑이라도 하나 안겨주세요. '나한테 왜 이러는 거니' 뜨악한 표정 지으면 웃으면서 말하세요. 크리스마스잖아요.

문학,
가공할 만한 가공의 스킬

명함을 건네면 따라나오는 질문. 문예창작학과? 재미있겠다, 뭘 가르쳐요? 상대에 따라 준비한 답은 네 개다. 하나, 도스토옙스키나 카프카를 가르칩니다(가르쳐본 적 없다. 누군지는 안다. 어르신이거나 진지한 상대일 때 쓴다). 둘, 예술은 사기라는 걸 가르치죠(말을 섞기 싫은 상대와 대화를 차단하고 싶을 때 유용하다). 셋, 가르친다기보다는 재능이 없는 학생을 찾아내서 문학을 포기하도록 설득합니다(이런 식의 후벼 파는 말투를 좋아하는 사람들이 꼭 있다). 넷, 가공의 스킬을 가르칩니다(대화를 계속 이어가고 싶은 상대에게 쓰며 꼭, 항상, 반드시 여성인 것은 아니다). 과연 네 번째 답을 하면 오, 가공~ 하며 역시 뭔가가 있을 줄 알았다는 듯 고개를 끄덕인다. 그런데 그 가공可恐이 아니라 이 가공加工이다.

실은 세상의 모든 작가들은 가공업자다. 눈이 좋은 작가에게 세상은 다이아몬드 원석이 굴러다니는 보화밭이다. 어려운 얘기를 어렵게 전달하는 사람을 '일반인'이라고 한다. 어려운 얘기를 더 어렵게 설명하는 사람을 '바보'라고 부른다. 어려운 얘기를 쉽게 하는 것, 이게 바로 가공업의 정의이고 스킬이 필요한 이유다. 그럼 쉬운 얘기를 어렵게 하는 사람은? 갑자기 가슴이 마구 답답해지네.

스킬은 이를테면 도구 사용법이다. 앞에 닭 한 마리가 있다고 치자. 칼 한 자루면 끝난다. 소로 바꿔보자. 망치가 추가된다. 요새 유행하는 고래는 어떨까. 흰수염고래는 100톤을 넘어간다. 그래서 고래는 해체한다는 표현을 쓴다. 이때부터는 작업이 아니라 공사의 수준이다. 방법은 두 가지다. 다양한 장비를 동원해서 다채롭게 발라내는 것이 하나고 다른 하나는 중도中刀 한 자루로 집요하게 파 들어가는 방식이다. 이 두 가지를 자유자재로 활용할 수 있을 때 그제야 비로소 세계만방에 외칠 수 있다. "나는 가공업자다~"

가공업의 좋은 점은 많은 공부가 필요 없다는 것이다. 그저 전문가들이 쓴 글을 이해할 수 있을 정도면 되니 효율적이다. 대신 다양한 방면으로 골고루 읽어야 한다. 고래를 해체하는 두 가지 중 첫 번째 방식을 활용하기 위해서는 특히 필수다(철학적인 인물을 통계학으로 재구성한 책을 본 적이 있다). 시장 상황도 아주 좋다. 아직 우리 사회가 덜 깨인 덕분에 '두뇌'들은 법률, 의료 서비스 시장으로 간다. '머리'급들은 투덜거리면서 대기업으로 간다. 그 아래 급들만 남아 이 시장에서 밥을 벌어먹고 있다(물론 다는 아니다). 진짜 블루오션이다. 그런데 명칭이 좀 걸린다. 뭐 하는 사람이냐고 물을 때 가공업자라고 하면 너무 없어 보인다. 다행히 명지대 김정운 선생이 힌트를 준다. '21세기 지식이란 많이 기억하고 있는 것이 아니라 널려 있는 정보를 새롭게 편집할 수 있는 능력'이라며 편집(edit)과 학문(ology)을 섞은 에디톨로지editology라는 신조어를 알려주신다(술 한잔 빚졌습니다). 영어 명함에는 에디톨로지스트라고 한번 써 봐야겠다.

"신성한 문학을 가공이니 스킬이니 하며 시정잡배들의 잔기술처럼 추락시켜도 되는 겁니까." 따지는 분 있으리라. 그런데 문학도 먹고사는 문제가 해결된 다음에 하는 거다. 밥에 관한 처절한 에세이인 김훈의《밥벌이의 지겨움》을 보라. 제목만으로도 가슴에서 뜨거운 것이 밀고 올라오지 않는가. 그리고 매일매일 목구멍으로 넘어가는 밥, 식구들 먹여 살리는 밥벌이로서의 문학을 고민하지 않는 인간 중에서 글 잘 쓰는 인간을 아직 보지 못했다.

미식가적 독서법,
정독

살면서 저지른 가장 멍청한 짓을 꼽으라면 망설이지 않고 클로버 문
고를 버린 일이다. 가세가 기울고 방이 없어지면서 시리얼 넘버 1권
인 《유리의 성》부터 100번째였던 《세계 최초의 인간》까지 통째로 버
렸다. 정확히는 116권이다. 혹시 여덟 권짜리 《바벨 2세》가 한정판으
로 하드 커버본이 나왔던 사실을 알고 계시는지. 나는 그게 두 질이나
있었다. 그냥 좋아서 사고 또 샀다.

　나는 책이 좋다. 종이 뭉치 조금, 마분지 그리고 풀과 실의 조합으
로 이런 '어메이징한' 것이 만들어질 수 있다는 사실이 신기하기까지
하다. 산 책을 읽는 것은 또 다른 차원의 문제다. 그럼 책을 왜 사요,
묻는 분 있으시겠다. 다행히 나 같은 사람을 위한 평계가 있다. 독서
의 방법은 크게 세 가지다. 첫 번째가 소리 내어 읽는 음독音讀이다.
두 번째는 묵독默讀이다. 성 에마뉘엘의 일기에 이런 게 나온다. '오늘
무서운 것을 보았다. 서재에 들어가니 조카가 소리를 내지 않고 책을
읽고 있었다.' 당시 묵독은 악마의 독서법이었다. 인간에게 허용된 건

12세기에 이르러서다. 마지막이 적독積讀이다. 읽지 않고 쌓아놓기만 하는 거다. 그게 무슨 미친 짓이냐고?

책을 바라보고 있으면 친구나 선생이 집 안에 꽉 찬 느낌이다. 사기에 나오는 맹상군은 3천 명의 식객을 무기 삼아 세상을 도모했다. 핵심 참모는 열 명 남짓이었을 테니 나머지 2990명은 여벌이겠다. 물론 2군 중에서도 계명구도鷄鳴狗盜 같은 대박이 터지기도 한다. 그러니 숫자만 놓고 치자면 나는 우주도 정복할 수 있다. 게다가 얘들은 밥 달란 소리도 안 한다. 그래서 부러운 사람이 다치바나 다카시다. 일본의 무규칙 저술가인 그는 책을 보관하기 위해 빌딩을 세웠다. 그 유명한 고양이 빌딩이다. 나는 책을 쌓아두기 위해 서울에서 멀어지는 방법을 택했다. 서울 나들이 때마다 다리가 후들거리지만 대신 책을 찾기 위해 이 방 저 방을 돌아다니는 즐거움을 얻었다. 따지 않은 술병과 다를 것이 무엇이요, 다시 물으신다면 실은, 읽는다. 틈틈이 표지만 읽는다. 《집 나가면 생고생, 그래도 나간다》같이 시선을 쪼옥 잡아당기는 책도 있고 《윤리21》처럼 알쏭달쏭한 책도 있다. 그러다 갑자기 확 '땡기는' 날이 있다. 그때 빼내 펼친다. 이럴 때 읽어야 제대로 살로 간다. 그러니까 적독은 저장이 아니라 실은 쌓아놓고 표지부터 살살 핥아먹는 미식가적 독서법인 셈이다.

종강을 했다. 방학 때 뭘 하면 이기적으로 좋을까요, 제자들이 묻는다. 읽어라, 하고는 피터 왓슨의 《생각의 역사》나 폴 존슨의 《모던 타임스》같이 1천 페이지 훌쩍 넘어가는 책을 추천한다. 문명의 시작에서 어제까지를 통찰한 책들이다. 전체에 대한 안목이 생기면 작은 지

식들은 끼워 넣기만 하면 된다. 천 피스 퍼즐을 맞출 때 전체 그림을 한 번 보고 맞추는 것과 무슨 그림인지도 모르고 맞춰 나가는 것의 차이로 그 실익을 설명한다.

실망한 눈빛이다. 얘들아, 진리는 단순한 거란다. 단순해서 진리이고 쉬워서 진리이고 그럼에도 불구하고 행하기 어려워서 진리이고 무엇보다 세상에 별 뾰족한 방법 같은 건 없단다. 하나가 손을 든다. "선생님은 저희 나이 때 그 책 다 읽으셨어요?" 그걸 다 읽었으면 내가 지금 너희들과 이러고 있겠니.

그때의 째치는
어디로 갔나요

《레미제라블》을 '너 참 불쌍타'로 번역한 사람은 육당 최남선이었다. 1910년에 일부를 번역해서 잡지 〈소년〉에 실었고 1914년에는 〈청춘〉에 줄거리를 소개했다. 실은 육당, 이 방면에는 상습범이셨다. 1912년에는 소년, 소녀와 개 한 마리가 등장하는 외국 소설을 번역하여 '불쌍한 동무'라고 제목을 붙였다(당시 불쌍이라는 단어가 유행이었나 보다. 아니면 민족이 불쌍해서 그랬나). 제목만 의역한 게 아니라 등장인물도 죄한국 이름으로 바꿔놨는데 소년의 이름은 '기남이' 개 이름은 '바둑이' 그리고 소년을 좋아하는 소녀의 이름은 '애경이'였다.

문제의 외국 소설은 마리 루이사 라메의 《플랜더스의 개》다. 풍차가 돌아가는 시골길을 달리는 기남이와 애경이 그리고 그 뒤를 따르는 바둑이라…. 어쩐지 그림이 잘 그려지지 않는다. 바둑이란 이름도 무거운 우유 수레를 끌기에는 한참 빈약해 보이고. 궁금한 건 기남이가, 좋아했던 루벤스의 그림과 만나는 장면이다. 루벤스를 그냥 두면 기남이와 궁합이 안 맞았을 터이니 혹시 이렇게 번역하지 않았을까.

'기남이는 성당에서 그토록 보고 싶었던 신윤복의 그림을 벅찬 심정으로 올려다보았다.'

국내에서 가장 많이 번역되고 읽힌 외국 소설을 고르라면 단연《삼국지》일 것이다. 고전에 속하는 박종화, 김구용을 필두로 황석영 삼국지, 조성기 삼국지, 이문열 삼국지가 각기 문체와 해석을 조금씩 달리하면서 독자를 사로잡는다(캐릭터를 생생하게 살려냈다는 점에서 고우영 삼국지를 최고로 꼽는 사람도 있다. 가령 소생). 원본에 충실하게 번역하는 정역正譯과 번역자가 나름대로 일부를 첨삭하는 평역評譯의 차이가 커 조성기 삼국지는 '세상 역사를 살펴보면 나라들이 오래 나뉘어 있으면 반드시 다시 합해지고…'로 시작되고 평역의 절정인 이문열 삼국지는 '정치로부터 그 원하는 바를 얻지 못하면 민중은 일쑤 종교적인 구원에 의지하게 된다'로 아예 작정하고 개입한다. 물론 둘 다 재미있다. 그런데 정역도 평역도 아닌 제3의 길을 선택한 삼국지가 하나 있다. 장정일 삼국지다. 장정일 삼국지는 스스로 번역 능력이 없다는 사실을 실토하고 쓴 특이한 버전이다. 그러니까 한문 원본 없이 자기가 알고 있는 삼국지의 내용을 자신의 세계관과 철학에 맞춰 기술한 것이다. 굳이 이름을 붙이자면 '사설私說 삼국지'라고 해야 할까. 당시 장정일은 그 사실을 숨기지 않았다. 판매에 영향을 미치는 중요한 사안이다. 누가 확인하자고 덤벼들 것도 아닌데 굳이 밝히는 그 결벽증이 마음에 들었다. 작가라면 마땅히 그래야지. 사지는 않았다.

오랜만에 장정일의 이름을 지면에서 봤다. 그런데 신작 발표가 아니라 선배 문인에 대한 비방글이었다. 그것도 작품이 아닌 선배의 신변과 예전 발언에 대한. 그건 글은 안 써지고 시간은 남아돌아 그렇게 라도 주목받고 싶은 작자들이나 하는 짓이다. 무더운 여름날, 카페에서 음료수 한잔 시켜놓고 여성지까지 뒤적이며 소재를 찾느라 끙끙대던 그의 젊은 날을 기억한다(재능 있는 작가일수록 영감 따위는 믿지 않는다). 그의 작품 《보트 하우스》의 첫 문장은 장담컨대 한국 소설을 통틀어 다섯 손가락 안에 들어가는 명문이다. 이러다가 트윗'질'까지 해대는 그를 만날까 봐 걱정이다. 누군가 장정일을 부추겨 "이봐, 장 작가 당신도 이제 정치적인 발언할 위치가 되었잖아." 같은 소리를 지껄였다면 당장 달려가서 흠씬 패주고 싶다.

초월동

사는 동네 이름이 '초월'이다. 이사 가보니 동네 이름이 초월이었던 것이 아니라 '니체스러운 이름'에 반해 이사를 감행했다. 개만동이니 병팔동 같은 이름이었다면 천만금을 준다 해도 망설였을 것이다. 체면도 있는데 어디 사십니까 물음에 개만동이요, 이럴 수는 없는 일 아닌가. 아파트 모델하우스 구경 다니는 것이 취미였던 시절 경기 남부를 거의 다 훑고 나서 발견한 곳이다. 이름만 수려한 게 아니었다. 문을 열고 들어간 중개업소에서는 정말 잘 찾아오신 거라며 풍수지리로 보면 '와따'라고 엄지손가락을 세워 보인다. 제3공화국 실세 중 실세였던 영화 실미도 속 '부장님'의 별장 자리였다는 설명이다. 과연 동네 입구에 나가보니 '길손은 발을 멈추소서. 이곳은 선세강 장군이 전사한 곳으로…' 시작하는 '인증비'가 보인다. 선세강 장군은 병자호란 당시 남한산성에 갇힌 인조를 구하기 위해 청나라 병사들과 혈투를 벌인 4인방 중 하나다. 비석을 세운 이의 이름은 절반이 흙에 잠겨 있다. '겨레를 위하여 민족을 위하여. 이후…' 그 정도 권력이었으면 별

장터로 얼마나 고르고 골랐을까. 부동산 아저씨의 말에 마구 신뢰가 간다. 마음속으로 거의 결정을 하고 마지막 질문을 던졌다. 근데 동네에 횟집은 몇 개나 있어요?

집 앞 경안천 맞은편으로 양녕로가 보인다. 사고뭉치로 태종에게 숱하게 단기유배를 당했던 양녕대군이 울분을 삭이며 걷던 길이다(길이름은 물론 소생이 붙인 거다). 길을 따라 걷다 보면, 평양에서 뉴페이스 기생이 왔다는데 여기서 이게 뭐하는 꼴이냐, 양녕대군의 탄식이 들리는 듯하다. 그러다 양녕대군의 눈에 띈 묘령의 여인 하나. 시시껄렁한 야사급 로맨스 하나는 금방 지어낼 수 있을 것 같다. 양녕대군뿐이 아니다. 사회 명사들의 단골 장지였던지 동네를 살짝 벗어나면 맹사성, 최항, 허난설헌의 묘가 줄줄이 붙어 있다. 몰沒한 인물에 이어 신익희 선생의 생가까지 있으니 굳이 자녀 역사 교육하러 멀리 갈 이유가 없다. 그래서 이렇게 읊었다. 북에는 소월, 남에는 목월, 광주엔 초월. 이사한 것이 너무 마음에 들어 한 달 내내 뿌듯했다. 5년 전의 일이다.

그런데… 좀 멀다. 서울에서 좀 많이 멀다. 시내에 한 번 나가려면 인간이 탈 수 있는 건 다 타야 한다. 도보, 마을버스, 광역버스, 전철. 기차가 빠진 게 다행이라면 다행이다. 귀가는 더 고생이다. 겨울밤에 개천 바람을 볼에 맞으며 돌아오는 일은 거의 고행이다. 더 나쁜 건 소주라도 한잔 걸치고 들어오는 길이다. 버스 정류장 지나칠까 봐 졸린 눈 부릅뜨고 필사의 노력으로 버티고 집에 오면 그즈음 술이 다 깨서 눈이 말똥말똥하다. 한 모금 더 마시자니 다음 날 일정이 걱정이고 무작정 잠을 청하자니 겨울밤이 너무 길다.

실은 서울에서 계속 밀려나는 중이다. 그 자신은 유배로 세월을 보냈으면서도 자손들에게는, 가능하면 서울에서 벗어나지 마라 한 번 밀려나면 다시 돌아오기 어려우니, 말을 남긴 정약용 선생의 말마따나 서울 컴백은 참으로 요원하다. 하긴 살다 보면 조금씩 중심에서 밀려나는 게 인생이다. 실은 중심에라도 서 봤으면 행복한 인생이다. 대부분의 인생이 추락이나 쇠락은커녕 내내 활주로만 달리다 끝난다. 동네 이름처럼 매사 초월하고 싶은데 이름을 인간이 못 따라간다. 벌써 겨울이 걱정이다. 이번 겨울에는 약속도 많을 것 같은데.

잘가요! 로빈, 고마웠어요

로빈 깁이 죽었다. 한 세대를 풍미했던 팝그룹 비지스의 리드 보컬이다. 지하철에서 부음을 들었다. "어, 로빈 깁이 죽었네?" 무가지를 펼쳐보던 옆자리 대머리 아저씨가 혼잣말처럼 중얼거렸다. 고개를 슬쩍 돌려 보니 사진 속 짧은 머리의 그가 환하게 웃고 있었다. 아, 정말 그러네요, 했더니 글쎄 말입니다, 아저씨가 맞장구를 쳤다. 뭐가 정말 그렇고 글쎄 말입니다는 또 뭐람. 소생과 아저씨는 약속이라도 한 듯 말없이 고개를 몇 번 끄덕이고는 각자 반대편으로 고개를 돌렸다. 기침도 몇 번 큼큼. 내릴 역은 왜 이리 많이 남았지. 이 인간은 왜 안 내리는 거야. 대체 로빈 깁은 왜 죽어가지고.

실은 비지스 별로 안 좋아했다. 어릴 적 선배 하나가 얘들이 바로록을 죽인 얘들이야, 지목했기 때문이다. 비틀스도 얘네가 죽였나요? 물론이지. 같은 '비'씨인데요? 그러니까 더 나쁜 놈들이지. 선배, 오래되었지만 잡히면 제 손에 죽습니다. 아마 비지스가 77년에 발표했던 〈토요일 밤의 열기〉라는 앨범이 전 세계 무도장의 배경음악을 디스코로 통일하면서 마침 마지막 숨을 몰아쉬던 록에 대한 혐의까지 뒤집어쓴 것 같다.

팝송을 본격적으로 들은 게 79년부터이다. 돈이 생기면 학교가 파하기 무섭게 동대문 운동장으로 달려갔다. 저녁이 되면 어디서 나타났는지 리어카에 불법 복사 테이프를 잔뜩 실은 이동 판매상들이 하나둘씩 자리를 잡았다(저작권 개념이 아예 없던 시절입니다). 가격은 천 원에 세 장. 분식집 라면 한 그릇이 300원이었으니 중학생에게는 만만치 않은 금액이었다. 구매 패턴은 항상 비슷했다. 가수나 그룹으로 두 장, 최신 팝송이라는 타이틀이 붙은 컴필레이션 앨범(일명 조각보 앨범)으로 한 장. 리어카를 통째로 집으로 가져가고 싶은 욕망을 세 장으로 압축하는 과정은 참으로 길고 지난했다. 짧으면 30분 길면 세 시간. 매정한 주인아저씨는 그렇다고 한 장 더 얹어주는 법이 없었다. 단골인데. 중학생인데.

당시에는 영어 제목 옆에 한글을 병기하는 게 일반적이었다. 한번은 〈험한 세상에 다리가 되어〉로 유명한 듀오 '사이먼과 가펑클'을 집어 들었다가 킥킥 웃고 말았다. 음반 제작자(?)가 음악 지식이 좀 짧았던지 가펑클Garfunkel을 철자 그대로 가풍켈로 옮긴 것이다. 사이먼 앤 가풍켈이라, 히히 웃다가 옆에 놓인 올리비아 뉴튼 존을 집어 들었는데 이건 더 압권. 〈제너두Xanadu〉란 노래 제목 옆에 태연하게 한글로 이렇게 적혀 있었다. 아나두. 아이고 두頭야.

그때 최신 팝송 모음집에 한두 곡씩 꼭 끼어 있던 게 비지스였다. 79년에는 〈트래저디〉였던가 〈투 머치 헤븐〉이었던가 아니면 둘 다였

205

던가. 비감하며 감미롭고 흥겨웠지만 록을 죽였다는 이유로 "노래만 좋으면 뭐해." 타박했던 기억에 미안하기만 하다.

오랜만에 〈퍼스트 오브 메이First of May〉란 곡에 바늘을 올린다. '어릴 적 나는 크리스마스트리보다 작았어요. 그런데 문득 나무보다 내가 훌쩍 커버렸네요' 하는 내용의 노래다. 나는 컸고 세월은 흘렀고 왜 그 시간들은 흘러가버렸는지, 누가 그 시절을 데려갔는지. 산다는 건 사랑했던 것들과 끊임없이 이별하는 과정인지도 모르겠다.

잘 가요, 로빈. 그동안 좋은 노래 많이 불러줘서 고마워요. R.I.P.(Rest In Peace, 평안히 잠들라)

어바웃 타임

시간을 다룬 영화는 기본적으로 아동 영화다. 시간을 되돌리고 싶어 하는 건 아이들에게나 로망이기 때문이다. 영화 〈박하사탕〉에서 설경 구는 기차에 대고 외친다. "나 돌아갈래!" 감독의 세계관이 유아적 단 계에 머물러 있어 그런 대사가 태연히 나온다. 시간을 되돌리고 싶은 것은 결핍의 산물이다. 현재가 만족스럽지 않아 그렇다. 현재를 자족 하는 건 어른들의 사고다. 그들은 굳이 돌아가려고 하지 않는다. 삶의 본질이 가변적이고 돌발적이고 불확실성에 놓인다는 것을 알기 때문 이다. 칼 포퍼는 삶은 문제 해결의 연속이다, 라고 말했다. 그 말은 삶 은 문제 발생의 연속이다, 와 같은 말이다. 그게 인생이다.

리차드 커티스 감독의 〈어바웃 타임〉은 시간에 대해 말하는 영화 라고 오해하기 쉬운데 정확히는 행복에 대해 말하고 있는 영화다. 시 간은 그저 매개일 뿐이다. 시간의 번복을 통해 주인공은 행복에 접근 하려 든다. 주인공은 조금씩 깨닫는다. 시간을 돌려봐야 결국은 또 다 른 문제가 발생한다는 사실을. 이런 영화들의 용서받을 수 없는 점은 자꾸만 관객을 가르치려 든다는 것이다. 감독은 행복에 대해 말한다. 행복은 행복 자체가 아니라(이건 애초부터 불가능하기도 하다) 삶을 바라보는 시각에서 나온다는 것을. 세상이 불공정하고 인간이 불평등한 이유로 행복은 만인의 것이 아니다. 성경에 보면 어느 왕의 탄식이 나온다. 왕 노릇을 하며 호화롭게 살았지만 그에게 행복했던 날은 50일이 채 되지 않는다는 실망이다. 소생은 조금 다르게 읽었다. 그래도 왕씩이나 해 먹고 살았으니 50일이나 행복했지. 돌아보면 행복한 날은 며칠이나 될까. 행복했던 순간은 몇 번 있었지만 그날 자체로 행복한 날은 손으로 꼽아 손가락이 한참 남는 것이 필부의 삶이다. 삶이란 기본적으로 행복하지 않다. 그런데 자꾸 행복을 모두가 누릴 수 있는 것처럼 오도하는 사람들이 있어 문제다. 이들은 불행이 스스로의 잘못이 아니라고 말한다. 열심히 노력할 것을 주문한 뒤에 뜻대로 이루어지지 않으면 사회 탓으로 돌린다. 마거릿 대처가 말했다. "사회 같은 건 없습니다."

대한민국 헌법은 그런 면에서 참 양심적이다. 대한민국 헌법은 행복을 보장하지 않는다. 헌법이 보장하는 건 행복을 추구할 권리뿐이다. 철학적으로 해석해서 이 말은 우리 삶에 행복 같은 건 없다는 의미이다. 행복은 각 개인의 눈에 있다. 세상을 바라보는 각자의 눈이 일상의 사건들을 행복과 불행으로 규정한다. 불가의 일체유심조라는 말이 괜히 나온 게 아니다. 나쁜 날은 최악으로 나쁘지 않아서 행복한 날이다. 최악으로 나쁜 날은 그런 날이 연달아 이어지지 않아서 행복하다. 인생이란 그런 거다. 외롭고 쓸쓸하며 힘들고 고달프며 다만 그런 날들을 마음으로 치유하면서 가는 게 인생이다. 행복의 증명은 감사다. 솔직히 되는 인간이 왜 되는지는 잘 모르겠다. 그저 남들이 공감할 만한 것 몇 개를 추출하여 그래서 성공했다, 사후에 추측할 뿐이다. 반대로 안 되는 인간의 공통점이 있다. 감사를 모르는 것이다. 찬송가에 '들어주신 기도 감사, 거절하신 것 감사'라는 노랫말이 들어있는 곡이 있다. 거절을 감사하는 것, 이것이 진짜 감사의 태도다. 같은 노래에 또 이런 구절이 있다. '길가의 장미꽃 감사, 장미꽃 가시 감사' 장미가 예뻐 냄새를 맡으려다 혹은 꺾어 집으로 모시고 가려다가 피를 본 모양이다. 그것도 감사의 영역에 담는다. 감사란 그런 것이다. 세상에 행복 같은 건 없다. 행복을 추구하려는 각성된 인간과 그 인간이 수시로 내뱉는 감사가 있을 뿐이다. 〈어바웃 타임〉에는 감사가 없었다. 진짜 감동이 없는 이유다.

구형 피처폰을 쏜다

민비 시해 며칠 후 한 청년이 인천에서 칼 찬 일본인 하나를 작살냈다. 하필 왜인은 일본군 장교였고 청년은 당연히 사형 선고. 법무 대신이 올리고 고종이 결재한 서류를 훑어보던 누군가가 살해 이유에, '분하여, 국모의 원수를 갚기 위해'라고 적혀 있는 것을 보았다. 재가 요청이 올라가고 고종은 속으로 울었다. 인천은 너무 멀어 목은 이미 떨어진 거나 다름없는 상황에서 고종은 덕률풍으로 아슬아슬하게 사형집행을 중지시켰다. 살아난 청년의 이름은 김구, 덕률풍은 텔레폰의 첫 우리말 이름, 그리고 인천에 전화가 놓인 지 사흘째 되던 날이었다(그 뒤로 김구 선생은 전화가 오면 항상 공손하게 두 손으로 받았다?). 이렇게 전화는 우리나라와 참 아름답게 첫 인연을 맺었다.

전화를 걸 때 사람이 하나 더 필요한 경우가 많았다. 여자 친구 집에 전화를 해야겠는데 그 집 아버지가 인간의 탈을 쓴 호랑이다. 걸었다가 그냥 끊으면 다시 걸기도 어렵거니와 여자 친구에게 의심의 눈초리가 간다. 해서 주변을 지나는 여자들에게 부탁을 하곤 했다. 누구

누구 좀 부탁드릴게요. 그런 일이 잦았나보다. 무슨 짓이야 거절하는 사람은 별로 없었다. 많이 대행을 해본 경우 여자 친구가 부재중이라고 하면 다음 대사는 어떻게 할 거냐고 눈빛으로 묻는 프로들도 많았다. 그분들에게 다시 한 번 감사한다. 90년대 초반 벽돌 전화기가 등장했다. 무전기 비슷했다. KBS 연기자 대기실에서 노닥거리고 있을 때였다. 배우 이병헌의 가방에 들어 있던 전화기가 울리기 시작했다. 나중에 전화 왔었는데요 했더니(대체 이 말을 뭐하러 했던가) 좀 받아주시지 그랬어요 한다. 미안하다. 받을 줄 몰라서 못 받았다. 영화 마케팅을 시작하면서 전화기를 장만했다. 기동성 있게 움직이려면 전화가 꼭 필요했다. 전화를 걸거나 받으면 주변 사람들이 쳐다봤다. 하긴 영화 〈게임의 법칙〉에서 박중훈이 "나, 지금 걸으면서 전화하는 거야. 으하하." 같은 대사를 태연히 하던 시절이다.

스마트폰(실은 전화라기보다 전화 기능이 탑재된 휴대용 PC라고 해야 맞지만)의 등장은 우리 일상의 표정을 바꿔 놓았다. 인간의 존립조건으로 공기, 물, 스마트폰이라고 할 만큼 없으면 죽을 것 같다는 사람까지 있다. 스마트폰을 가지고 있으면 깨어 있는 하루 열여섯 시간 내내 채팅 대기상태가 된다. 누군가로부터 전화가 오거나 문자가 오지 않으면 불안해진다. 과연 좋아진 것일까. 소생은 스마트폰을 쓰지 않는다. 흔히 말하는 구형 피처폰을 쓰는데 불편한 걸 잘 모르겠다. 아니 편리를 겪지 않아 불편을 모르는 것일 수도 있지만. 당장 좋은 걸로는 인터넷이 안 되니까 메일 확인을 즉시로 하지 않아도 된다. 죄송합니다, 집에 가서 연락드릴게요. 나는 시간을 번다. 정말 꼭 필요할 때면 옆 사람 걸 잠시 이용하면 되는데 그런 일은 이제껏 별로 없었다. 그리고 당장 확인해야 할 긴급한 메일 따위가 있을 리 없다. 소생뿐만 아니라 대부분의 사람들이 그럴 것이다. 왜냐하면 우리 대부분은 그다지 중요한 사람이 아니기 때문이다.

젊은 층의 스마트폰 애용 까닭에 대한 질문을 받은 적이 있다. 가진 게 그거밖에 없잖아요. 저는 집도 있고 차도 있고 해서 봐야 할 게 많아서. 눈총도 동시에 많이 맞으면 죽을 수 있다는 사실을 알았다. 좋은 점도 있단다. 학교 폭력과 왕따가 줄었단다. 다들 스마트폰질을 하느라 남에게 관심이 없어서. 혼자서도 충분히 놀 수 있기 때문이다. 좋아진 것일까. 아직까지는 여기에 반대요 한 표 던진다. 앞으로도 아마 계속 그럴 것이다. 살아남겠다고 멘토로 형질 변화하기보다는 꼰대로 죽겠다고 조각상을 고집하는 평소 품성, 소생은 버리기 싫다.

그냥의 미학

사람이나 사물의 호오好惡에 대한 소생의 기준은 '그냥'이다. 그냥 싫거나 그냥 좋다. 논리적으로 이유를 대가며 뭔가를 싫어하는 사람을 보면 강박증 환자처럼 보인다. 그림 구경을 좋아한다. 현대 미술, 그 중에서도 구상보다 추상이 좋다. 일람하면서 빠르게 지나가는 타입이 아니라 마음을 끄는 작품을 만나면 그 앞에 자리 펴고 앉아서 멍하게 오래 본다. 그림 생각만 할 리가 없다. 머릿속 상념의 스펙트럼은 넓다. 둘 다 처절한데 이창래의 《생존자》는 문학이고 탈북 작가가 쓴 《탈북 성 노예》는 르뽀로 읽히는 차이는 무엇일까에서부터 며칠 후 팟캐스트 방송 때는 무슨 이야기를 해야 할지, 최근 발매된 지미 헨드릭스 트리뷰트 앨범에 에릭 존슨이 왜 빠져 있는지까지 정신없이 돌아간다. 그렇게 몇 시간 앉아 있다 일어나면 주변에서 묻는다. 뭐가 그렇게 좋아? 그냥. 대답은 그걸로 끝이다.

개인적으로 사유의 공유지라고 부르는 게 있다. 사람의 생각이란 게 다 비슷해서 내가 한 말, 그가 오래전에 했을 수도 있고 그의 말을

213

내가 태연히 말하기도 한다. 데미안 허스트는 이렇게 말했다. "미술은, 그냥 좋으면 좋은 거다. 굳이 미술사에 대해 알 필요 없다. '와우!' 감탄사가 나오면 그것으로 끝! 더 이상 알 필요도 없다."

새것이나 변화를 병적으로 좋아하는 사람들이 있다. 새 거라서 그냥 좋고 변화는 무조건 오케이다. 나는 반대다. 새것은 낯설어서 싫고 변화는 익히는 게 귀찮아서 싫다. 구형 피처폰을 쓴다. 스마트폰을 쓰라고 더 좋은 세상이 열린다고 꼬드긴다. 더 좋은 세상이라. 겨우 그런 이유라면 나는 관심 없다. 지금 현재 심히 만족스러운 환경이라 더 좋은 것이라는 말이 하나도 유혹적이지 않고 혹시 변화에 응하지 않아 불이익을 당한다고 해도 상관없다. 얼마든지 낙오할 준비가 되어 있으니 귀찮게만 안 했으면 좋겠다. 그리고 말이 나와서 하는 얘기인데 적당한 낙오는 인사적체를 막는 바람직한 공정이다. 나이 들어 자리에 계속 앉아 있으면 추하다. 본인만 그걸 모른다. 모르니까 소통하겠다고 젊은 애들 붙잡고 얘기하자, 알려 달라 난리다. 계급이 깡패인 사회다. 술자리 옮겨가며 이어지는 이런 소통 강박은 '아랫것'들에겐 지옥이다. 해서 소통의 반대말은 불통이 아니라 고통이다. 새로운 것을, 변화를 이해하지 못하는 건 자연스러운 노화다. 변명할 필요도 없고 따라잡아야 할 까닭은 더더욱 없다. 때가 되면 죽는 것처럼 때가 되면 자리에서 나가야 세상이 바르게 돌아간다.

얘기가 돌았다. 〈2001년 스페이스 오디세이〉라는 영화가 있다. 스탠리 큐브릭의 대단히 지루하고 잘 만든 작품이다. 영화의 도입부는 인류의 여명기다. 네안데르탈인을 현대인으로 바꾸기 위한 외계인들

의 촉진 사업의 일환으로 검은 비석이 원숭이들 앞에 세워진다. 원숭이들, 뭔지 몰라 두렵고 약간 공황 상태다. 그중 미학적인 감각이 있는 원숭이가 조심스럽게 비석을 쓸어본다. 속으로 이렇게 말했을 것이다. '이거 정체는 모르지만 어쨌거나 마음에 든다.' 원숭이가 끌린 것은 디자인이었다. 서점을 잘 안 간다. 일 년 전쯤인가 광화문 교보문고에 들렀다가 이상한 것을 보았다. 애플의 제품만 모아놓은 코너였다. 메탈 미학이란 게 있다는 거 처음 알았다. 대부분 스마트폰과 연동되는 것으로(추정했다) 보이는 그 제품들은 '그냥' 예뻤다. 무엇에 쓰는 물건인지는 알지 못하며 궁금하지도 않다. 충동적으로 그냥 사고 싶었다. 사서 집에 가져다 놓고 그냥 가끔 물끄러미 보고 싶었다. 디자인, 이런 거 이래야 하는 거 아닐까. 딱 거기까지 혹은 최소한 거기까지.

아인슈타인이 있어
행복한 사람들

매사에 '과학'이 들어가야 속이 풀리는 분들이 있다. 성경 속 최장수 자인 므두셀라의 나이, 969세도 꼭 풀이를 한다. 유목민족에게는 시간을 측정할 수 있는 기준이 오로지 달의 크기였기 때문에 한 달을 일 년으로 삼았다는 얘기다. 이 경우 므두셀라의 나이는 80세가 된다. 이에 대한 근거로는 '우리의 연수가 칠십이요, 강건하면 팔십이라도'로 시작하는 시편 90장 10절을 든다. 명료하다. 예수의 떡 다섯 개 물고기 두 마리 기적도 기어이 아귀를 맞춘다. 순전히 아람어의 번역 실수였으며 5천 명이 아니라 천부장 다섯 명을 선출하여 그들에게 성찬의 례를 베풀었다는 설명이다. 친절하다.

그러나 창세기에 이르면 문제가 달라진다. 인문학적인 지식으로 돌파하기에는 우주의 역사가 너무 길다. 대략 150억 년이라는데 이 걸 무슨 재주로 6일간의 압축 공사로 설명할 것인가. 고민 중에 희소식이 들려왔다. 아인슈타인이 상대성 이론을 발표한 것이다. 시간의 개념은 관찰자에 따라 달라진다는 '상대성'을 통해 150억 년의 시간을 '과학적'으로 설명할 수 있게 되었다. 조금 어렵지만 살펴보자면, 우주 대폭발 직후의 우주 온도는 현재보다 1조 배가량 높았으며 이는 그 당시의 우주 팽창 속도가 빛의 속도만큼 빨랐다는 이야기이고 이를 우주 시계라는 개념으로 설명하면 당시 우주 시계의 1초는 지금의 1초보다 1조 배 짧았다는 말이다. 이럴 경우 우주 생성 직후의 1초는 지금의 1조 초인 3만 년이 되고 24시간은 오늘날의 80억 년이 된다. 우주의 온도가 낮아지면서 팽창의 속도도 줄어든다. 따라서 이틀째의 24시간은 그보다 조금 줄어든 대략 40억 년이다. 이런 식으로 절반씩 줄여나가면 여섯째 날은 2.5억 년이 되는데 시기로 따지면 2억 5천만 년 전부터 대략 6천 년 전 정도가 여기에 해당한다. 이 기간에 육상동물과 포유류가 나타나고 인간도 출현한다. 인간의 150억 년은 창조주의 6일간에 불과했다는, 창세기에 대한 완벽한 물리학적 설명이다. 통쾌하다. 이제 남은 것은 처녀가 애를 밴 것과 죽은 사람이 살아난 것 정도. 그러나 우주를 해석한 분들에게 이런 생물학적 문제쯤이야.

드디어 종교는 과학과 사이좋은 동무가 되었다. 이젠 뭐든 논리적으로 설명해줄 수 있다. 그런데 기세가 등등해지기는커녕 왠지 맥이 빠진다. 비본질非本質은 일시적으로는 흥미로울지 몰라도 결국에는 사람을 지치게 만들기 때문이다. 창작의 혐의가 슬쩍 보이기는 하지만 재미있는 이야기가 있다. 미국의 한 지방 도시에서 주거 지역에 술집이 문을 열자 동네 교회에서 격렬하게 반발했다. 시위 끝에 기도로 끝장을 보기로 한 이분들, 제발 하나님께서 저 사탄의 가게를 불로 심판하소서 외쳤고 정말 며칠 후 거짓말처럼 번개에 술집이 타버렸다.

문제는 다음부터다. 술집 주인이 동네 교회를 상대로 손해배상청구소송을 낸 것이다. 저들이 합심하여 기도하였으니 가게 복구비를 내놓으라 주장했고 교회에서는 우리는 기도만 했을 뿐인데 그게 어떻게 배상 사유가 되냐며 발뺌을 했다. 판결에 앞서 판사는 교회에 이렇게 말했다. 배상 청구를 교회에 할지 하나님께 할지는 좀 더 고민해 봐야겠지만 한 가지 확실한 것은 저 술집 주인의 믿음이 당신들보다 낫소이다.

소생은 가끔 스스로에게 묻는다. 종교는 위안일까 구원일까. 누가 그랬다. 영원히 산다는 것만 빼면 기독교도 꽤 괜찮은 종교라고. 짧아서 일 회뿐이어서 인생이 그렇게 가는 게 아쉬워서 인간은 예술도 하고 학문도 한다고. 위안이든 구원이든 바라고 원하는 사람에 따라 뭐든 상관없지만 과학은 아닌 것 같다. 피는 물보다 진하다. 이 문구는 혈연의 강조이지 과학적 관찰의 산물이 아니다. 참고로 피는 물보다 여섯 배 진하다.

이야기의 힘

이렇게 되려고 그랬는지 어려서부터 거짓말을 참 잘했다. 초등학교 1학년 때 집안 사정으로 부모님과 떨어져 살았는데 이유를 묻는 담임에게 이렇게 대답했다. "엄마가 어마어마하게 큰 피아노 학원 원장인데 할아버지가 편찮으셔서 미국에 병문안 가셨다." 아들의 말에 꿰어 맞추려고 학교를 방문한 어머니는 그달치 생활비의 반을 털어 양손에 선물을 잔뜩 들고 와야만 했다. 미국 건은 뭐라고 설명했는지 모르겠다. 직장에 다닐 때도 거짓말은 능수능란이었다. 보통은 몸살이 나서, 할아버지가 위독하셔서 등으로 시작한다. 소생은 이런 식이었다. 갑자기 눈이 안 보여요 혹은 어제 산에 올라갔다가 박쥐에 물렸는데 공수병으로 어쩌고저쩌고. 재미있는 건 다음 날 출근하면 사람들이 그다음 이야기를 궁금해 했다는 것이다. 박쥐에게 물린 건 어떻게 됐어? 이야기의 힘이다. 사실 남의 할아버지가 편찮은 거야 다들 알 바 아니지 않는가.

인간은 이야기를 하기 위해 언어를, 말을 만들었다. 사냥을 나갔던 원시인은 돌아와서 밖에서 본 거대한 동물에 대해 이야기하고 싶어 입이 근질근질했을 것이다. 그래서 말을 만들었다. 처음에는 나, 사냥, 동물, 보다 뭐 이런 식으로 출발했다가 조금씩 정교해졌을 것이다. 말의 탄생에 대한 소생 나름의 문화인류학적 고찰이다. 문자는 이야기를 더 많은 사람에게 그리고 다음 세대에 전하기 위해 고안된 것일 테고. 해서 우리는 이야기가 많은 사람을 좋아한다. 이야기라는 말도 귀에 도움이 된다는 의미의 이약耳藥에서 나왔다는 설까지 있지 않은가. 갑자기 이야기가 중요해진 것이 아니다. 원래부터 중요한 것이었는데 그걸 늦게 이제야 깨달았을 뿐이다. 선거에 나온 인물들의 벽보를 보면서 우리는 이야기를 찾는다. 드라마가 있는 후보에게는 관심이 더 간다. 저 사람은 뭐했던 사람이지 드라마가 바로 떠오르지 않는 후보는 마음속에서 멀어진다. 물론 나쁜 이야기 혹은 드라마는 다르겠지만.

얼마 전 대학가요제가 폐지됐다. 예전 출전자들이 모여 방송국 항의 방문을 하네 말이 많다. 향수를, 추억을 중시여기는 여론도 거든다. 당연한 결과다. 대학가요제에는 드라마가 없다. 각종 오디션 프로그램에는 이야기가 차고 넘친다. 욕먹을 각오하고 말씀드리자면 오디션 프로그램에 대해 소생은 이렇게 정의한다. 가난하고 못생기고 노래 잘하는 애들을 찾아내는 음악프로 아니오? 한창 인기였던 '짝'이라는 짝짓기 프로그램도 그렇다. 간단하다. 예전 일요일 아침 50분간 초고속으로 진행되던 사랑의 스튜디오에 스토리텔링을 첨가한 것이다. 당연히 길어질 수밖에 없다. 다음 이야기가 궁금해서 시청자들은 게시

판에 이런저런 추측을 덧붙이면서 한 주를 보낸다.

《아라비안 나이트》는 보통 '천일야화千一夜話'로 옮겨 쓴다(예전에는 天日야화인 줄 알았다). 천일야화에는 셰에라자드라는 여자가 등장한다. 왕은 여성에 대한 분노로 매일 새로 결혼식을 올리고 다음 날 아침 신부를 죽여 버린다. 셰에라자드는 왕에게 졸음이 밀려올 자정 무렵 이야기를 시작해서 다음 장면을 궁금하게 만드는 것으로 '내일'을 확보한다. 여기까지는 다 아는 얘기다. 그런데 천하루 만에 셰에라자드가 그만 죽고 만다. 이야기의 맛에 빠진 왕은 셰에라자드의 동생이 언니 못지 않은 이야기꾼이라는 소문을 듣고 그녀를 궁으로 불러들인다. 졸지에 왕비가 된 동생, 두나자드. 두나자드의 고민은 이때부터 시작된다. 이야기를 잘하는 것은 맞는 얘기지만 문제는 세상의 어지간한 이야기는 언니가 다 해버린 것이다. 현대 작가들의 고민을 설명하기 위해 만들어진 이야기라는데 꼭 작가에게만 해당하는 것은 아니다. 우리는 매일 이야기를 하고 이야기를 지어내고 이야기를 듣기 위해 만나며 이야기를 들려주기 위해 연애를 한다. 이야기는 힘이 세다.

인간, 너나 잘하세요

신문 광고 하나가 눈길을 잡아끈다. 비주얼은 8월 논바닥처럼 쩍쩍 갈라진 지구의 한 귀퉁이, 광고 카피는 '지구의 타들어가는 슬픔은 곧 우리의 슬픔이기에'다. 수분 함량 0.00001퍼센트의 말라비틀어진 흙 덩이를 보고 있자니 타들어간다는 게 어떤 느낌인지 실감 난다. 서브 카피는 더 절절하다. '기후 변화로 인한 사막화 때문에, 이상기후로 인한 대홍수 때문에 지구가 울고, 지구가 슬퍼하며, 지구가 아파하고 있습니다.' 아파서 구슬피 운단다. 가슴이 뭉클해진다. 그저 흙과 풀과 물로 이루어졌을 뿐인 이 무감정한 세계에 이렇게 따듯한 숨결을 불어넣을 수 있다니. 그 고통과 비명을 어머니의 마음으로 안타까워할 수 있다니. 인간의 만행에 맞서 지구가 버티는 힘을 '지구력'이라고 하는데 이 광고를 보면 이제 그 지구력도 슬슬 끝이 보이는 것 같다. 그런데 좀 이상하다. 대체 누가 누구를 걱정하는 거지?

문제가 하도 다양하여 총체적으로 난감한 종種이지만 특히 심각한 것을 꼽으라면 앤드로포센트리즘(인간 중심주의)이다. 쉽게 말해 항상 인간이 기준이다. 인간이 지구에서 살아가는 생명체 중 하나에 불과하다는 생각 절대 안 한다. 인간은 갑이고 나머지는 모조리 을이다. 눈보라 덜 치는 날 설산 꼭대기에 발자국 한 번 디뎠다고 그걸 '정복'이라고 태연히 자랑한다. 광고는 인간이 숲을 파괴하고 공기와 바다를 쓰레기장으로 만들고 동식물을 멸종시키고 지구의 숨통을 조르고 있다고 걱정이다. 그럼 나중에는 어떻게 될까. 매우 간단하다. 인간이 살기 고달파질 뿐이다. 그냥, 그게 다. 미안하지만 자연은, 지구는 고통을 느끼지 않는다. 개그콘서트 '네 가지' 코너에서 촌놈으로 등장해 핏대 올리는 양상국의 하이톤 목소리를 빌려 말하자면 "안 울거든! 안 슬퍼하거든! 안 아프거든!"이다.

《인간 없는 세상》이라는 책이 있다. 인간만 찾아내서 파괴하는 무기가 개발되어 일순간 인간이 지구에서 싹 사라졌다고 치자. 1년이 지나면 고압 전선에 더 이상 전류가 흐르지 않고 매년 10억 마리씩 타 죽던 새들이 살기 좋은 세상을 만난다. 300년 후 흙이 차오르면서 넘쳐흐르던 댐이 무너지고 도시가 물에 씻겨 사라진다. 500년 후 교외 대부분이 숲으로 바뀌고 개발업자나 농민들이 처음 보았을 때 모습으로 돌아간다. 10만 년 후 이산화탄소가 인류 이전의 수준으로 떨어진다. 복구에 걸리는 시간이 겨우 10만 년이다. 그러니까 인간이 지구를 걱정하는 건 없혀사는 주제에 세입자가 주인집 가계부를 근심하는 것의 만 배쯤 웃기는 일이다. 아니 십만 배.

지구를 달달 볶으면 우리가 고달프고 후손이 고생이다. 그래서 우리가 할 일은 좀 덜 파내고 덜 자르고 덜 버리는 것뿐이다. 그리고 가

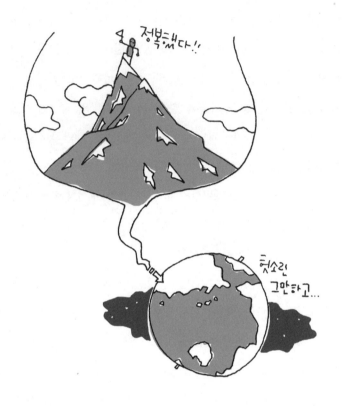

슴에 겸손이라는 단어를 새기고 또 새겨야 한다. 그게 인간이 지구에 대해 가져야 하는 마음 자세다. 이 코너 쓰면서 대신 사과를 여러 번 했다. 애국가에 사과했고 탈북자분들에게 사과했고 생면부지의 가수 로빈 깁에게도 사과했다. 또 사과한다. 지구야 미안, 내가 대신 사과할게. 그런데 이번에는 이유가 살짝 다르다. 미안해요, 주제넘게 건방 떨어서. 지구에 대변인이 있다면 시큰둥한 표정으로 이렇게 대꾸할 것 같다. 더 난리 쳐도 돼요. 지구, 괜찮아요. 인간, 너나 잘하세요.

두 번 죽은 명성왕후?

여덟 달치 봉급이 밀린 병졸들이 호조판서의 집으로 몰려갔다. "가족 일부는 죽었고 나머지는 죽어가고 있소. 쌀을 내주시오." 호조판서 태연하게 받는다. "우리 소관이 아닐세. 호조와는 관계가 없으니 선혜청에 문의하게."

떠넘기기에 제대로 '뚜껑 열린' 병졸들이 사방으로 몰려다니며 난리를 피웠고 이것이 바로 임오군란의 시작이다. 권력에서 밀려나 9년째 '노인네'로 살아가던 대원군은 군란 소식에 희색이 돈다. 그 밤에 바로 병졸들에게 먹을 것과 돈을 보내니 저질러 놓았으나 앞날이 불안하던 병졸들의 기세가 등등해진 것은 물론이다. 다음 날 폭우로 검은 하늘 아래 병졸들은 창덕궁으로 몰려가고 이 행렬에 대원군까지 동행한다.

대원군이 묻는다. "중전은 잡아 어찌하려느냐." 병사들이 답한다. "원수를 갚을 것입니다." 마침 나인 옷을 입고 그 앞을 지나던 민비가 대원군에게 딱 걸렸다. "병졸들이 그대를 좀 보자는데?" 민비, 대뜸 손을 들어 철썩하고 대원군의 뺨을 갈긴다. "제정신이야?" 대원군이 넘어져 버둥대는 사이 민비는 출구를 향해 질주하지만 이내 난군에게 가로막힌다. 순간 무예청 홍재희가 기지를 발휘하여 자기 여동생 홍상궁이라 둘러댄 뒤 민비를 업고 빠져나와 냅다 달렸다. 민비는 아버지 민치록의 묘소가 있는 여주로 피신하기로 한다. 광주 땅을 지날 때 주막에서 숨을 돌리던 민비 일행에게 동네 아낙들이 물었다. "서울에서 난리가 났다며? 중전인가 여우인가 때문에?" 나는 모르오 답하며 민비, 무례에 이를 오도독 간다.

궁을 탈환한 후 대원군은 도승지 조병호를 불러 민비의 죽음을 알리고 국상 치를 준비를 하라 명한다. 조병호가 묻는다. "승하하신 것을 확인하지도 못했는데 어찌 국상을 치른단 말씀이오." 대원군이 아직도 정세 파악이 안 되니? 하는 표정으로 흘기니 조병호, 붓을 던지고 나가버렸다. "이렇게 중요한 일을 함부로 할 수는 없소." 왕비의 옷만 가지고 장례를 치를 수 없다며 상소가 빗발치는 가운데 대원군은 다른 승지를 불러 기어이 국상을 반포한다. 조선 팔도가 흰 물결에 뒤덮였으나 훈련도감의 신현 혼자 상복을 입지 않았다. "시신도 보지 못하였거늘 국상은 무슨."

여주에 은거 중이던 민비는 궁에 있던 민태호에게 밀서를 보내나 이런 답장을 받는다. "이미 죽은 것으로 되어 있으니 당분간 그냥 계시라." 대원군이 청나라로 끌려가자 민비는 컴백을 개시한다. 한양으로 올라오는 길에 광주에 들른 민비는 자기를 험담한 마을을 초토화시킨다. 대원군은 재집권 33일 만에 자리에서 내려오고 민비는 9월

12일 서울로 올라와 청나라의 비호 아래 다시 정권을 잡는다. 13년 후인 을미년 민비는 궁궐에서 또 한 차례 습격을 받았고 이번에는 살아서 궁을 나가지 못했다.

최근 민비가 을미사변 때 죽지 않았다는 독일 외교 문서가 발견되면서 세간의 관심을 끌고 있어 윤효정 선생의《풍운한말비사》중 옥수일번 편을 토대로 당시 일을 한번 정리해봤다. 제목을 달자면 '막장 한국 근대사'쯤 되겠다. 사실이라면 민비는 역사상 유례없이 두 번 죽었다 살아난 인물이 된다.

일본인들의 손에 처참하게 죽었다는 이유만으로 실정은 가려지고 현대에서 '명성황후'라는 신화로 부활한 민자영. 정말로 위기를 모면하고 명을 부지했다면 적어도 나라에 힘이 없어 외국 도살자들에게 왕비가 척살됐다는 오명은 벗을 수 있게 되었으니 그거 하나는 소득이겠다. 모쪼록 '명복'을 빈다(고종의 아명兒名은 명복이다). 왕과 왕비의 이름을 마음대로 부를 수 있는 시대에 태어나 참으로 다행이다.

죠션 코끼리의 운명

태종실록 11년(1411) 2월 22일에 이 동물에 대한 첫 기록이 나온다. '일본 국왕이 우리나라에 없는 코끼리를 바치니 사복시에서 기르게 하다.' 사복시司僕寺는 조선시대 말과 마구 등을 관장하던 부서다. 담당자는 당황했다.

"이것은 말과 사뭇 달라 기르기가 어렵습니다."

"다리 넷 달린 것이 거기서 거기지. 먹이나 제때 주도록 하라."

"다리는 다섯으로 보입니다만."

며칠 뒤 담당자는 다시 보고를 올렸다.

"무한대로 먹어댑니다. 하루 콩 네댓 말은 기본입니다."

"뭣이라? 일주일이 아니고?"

먹을 것이 귀하던 시절이다. 일본 국왕이 특별히 친할 것도 없는 태종에게 코끼리를 보낸 것도 이와 무관하지 않아 보인다. 아시다시피 일본도 코끼리 산지가 아니다. 이 코끼리는 항국港國(인도네시아)에서 일본에 선물한 것이었다. 인도네시아에서는 왕이 미운 신하를 골탕먹

일 때 코끼리를 선물했다. 왕이 내린 것이니 허투루 관리할 수도 없고 그렇게 수년 끼니를 감당하다가는 집안이 거덜난다. 해서 일본 국왕도 3년간 끼고 있다가 조선에 떠넘겼던 것이다.

이 코끼리가 조선에서 사고를 친다. 생긴 꼴이 우습다며 침까지 뱉어가며 놀리던 전직 공조전서 이우를 밟아 죽인 것이다. 살인범, 아니 살인상象에 대한 공판은 1년 후에 열린다. 병조판서 유정현이 아뢰었다. "이 동물은 전하께서 아끼는 것도 아니고 나라에 이익도 없습니다. 두 사람을 다치게 했으니 전라도 섬에 귀양 보내소서." 둘이라 하니 그사이 하나를 더 깔아버린 모양이다. 태종은 웃으면서 그리하라 했다. 장관이었을 것이다. 유배 길에 오른 코끼리 옆에 군졸 몇이 붙어 있고 길가의 백성들은 귀한 구경을 했다. 그때 코끼리라는 말이 생겼다. 코의 옛말은 '고'이고 여기에 길다의 '길'과 어미 '이'가 붙어 만들어졌다.

섬에서 코끼리는 행복했을까. 별로 그렇지 못했나 보다. 태종 14년 코끼리에 대한 기록이 다시 등장한다. 전라도 관찰사가 보고하기를 코끼리가 풀을 먹지 않아 날로 수척해지고 사람을 보면 눈물을 흘립니다 하니 태종이 불쌍히 여겨 육지에 내보내라 명했다. 재미있는 대목이다. 사람 목숨을 파리 목숨보다도 못하게 여겼던 태종이다. 정적政敵 참살은 기본이고 처가 식구와 사돈까지 거침없이 잡아 죽인 태종이었지만 미물에게는 참 관대했다. 동물 애호가여서가 아니라 그 본성과 헤아리는 바가 사람과 같지 않으니 대하기를 사람 다루듯 하지 않았던 것이다.

과천 서울대공원 동물원에서 호랑이가 사육사를 물어 의식불명 상태에 빠뜨렸다. 인터넷상에서는(네티즌이라는 표현을 쓰는 사람들이 많은데 그렇다면 네티즌은 어디 별도의 나라에라도 사는 사람들이란 말인가) 호랑이를 사살해야 한다는 극단적 주장까지 나온다. 거참, 호랑이를 기르면서 고양이처럼 굴기라도 바랐단 말인가. 관리 부실을 탓해야지 천성이 맹수인 호랑이를 그 천성을 이유로 죽이자니 태종이 웃을 일이다.

세종 3년(1421) 이 코끼리에 대한 마지막 기록이 나온다. 죄수罪獸를 이감받은 충청도 관찰사가 보고했다. "코끼리를 기르는 종이 발길에 차여서 죽었습니다. 다른 짐승의 열 곱절을 먹어대고 화가 나면 사람을 해치니 바다 섬 가운데 있는 목장에 내놓으소서." 아이고 또 죽였네. 세종은 물과 풀이 좋은 곳을 가려서 내어놓고 병들어 죽지 말게 하라고 했다. 운 좋은 코끼리가 아니라 이치가 합당한 선조가 있었다.

영화
등급 판정

영화 마케팅 회사에서 일할 때다. 영화 전단이나 예고편 영상을 만들면 공연윤리위원회의 심의를 받아야 했는데 숱하게 퇴짜를 맞았다. 예술 영화 카피로 '생의 마지막까지 그와 함께하고 싶다'고 써서 보냈는데 빨간 줄이 그어져 돌아왔다. 대체 뭘 하고 싶은지 의도가 불순하다는 게 그 이유였다. 과도한 상상력에 늦었지만 경의를 표한다. 폭주족을 다룬 영화 예고편도 반려된 적이 있다. 중앙선을 넘어 오토바이들이 질주하는 장면이 문제였는데 사유는 이랬다. 도로교통법 위반. 20년 전, 너 나 할 것 없이 무식했던 시절이니 더 탓하지는 말기로 하자.

지난 8월 말까지 1년 동안 영상물등급위원회(이하 영등위)에서 심의위원으로 일했다. 공모제였고 지원해서 뽑혔다. 나도 칼 한번 잡아보자, 같은 며느리 심보 절대 아니었다. 다만 그 시스템이 궁금했을 뿐이다. 슬쩍 직원에게 물었다. 93년도에 영화 전단 심의하시던 분이 누구예요? 뭔가 꿍꿍이가 있다고 생각했는지 안 가르쳐준다. 아이 참,

다 용서했다니까.

오리엔테이션을 하던 날 줄리아 로버츠 주연의 〈백설공주〉라는 영화를 틀어주더니 등급 판정을 해보란다. 우리가 아는 그 동화에 권선징악의 결말, 당연히 전체 관람가를 적어냈다. 대부분 같은 의견이었는데 그럴 줄 알았다는 듯 영등위에서 외국 사례를 보여줬다. 놀랍게도 미국에서 〈백설공주〉가 받은 등급은 PG였다. 관람 시 부모의 지도가 필요한 영화라는 이야기다. 이유를 듣고 더 놀랐다. 영화 속 언어폭력 때문이라는데 우리는 영화 속 언어가 폭력적이라는 사실조차도 인지하지 못하고 있었다. 우리의 평소 언어생활이 심히 거칠다는 반증이겠다.

올해 영등위의 이름을 널리 회자시킨 건 김기덕 감독의 〈뫼비우스〉 파동이다. 영화를 만들 때마다 어떻게 하면 사람들을 불편하게 할까 고민하는 감독답게 역시 이번에도 서로 '만나서는 안 되는 살(肉)'에 대한 극단적 설정이 들어 있다. 영등위는 당연히 '제한상영가' 판정을 내렸다.

제한상영가 판정을 받으면 일반 극장 대신 제한 전문 상영관으로 가야 한다. 문제는 국내에 제한상영관이 없다는 사실이다. 있지도 않은 제한상영관 판정을 내리는 영등위는 제정신인가? 지켜본 바로는 제정신이다. 어떤 분들은 일반 극장을 일시적으로 제한상영관으로 활용하면 어떻겠냐는 의견을 내놓기도 한다. 좋은 생각이다. 그런데 '영화 및 비디오물의 진흥에 관한 법률 시행령' 15조를 보면 기존 영화 상영관을 활용하는 것은 불가로 되어 있다. 그럼 아예 새로 짓는다?

한 해 제한상영가 판정을 받는 작품은 열 편 미만이다. 이걸 틀겠다고 영화관을 만드는 건 정상인의 셈법이 아니다. 결국 법 개정으로 문제를 풀어야 한다는 얘기고 창작의 자유, 표현의 자유와 충돌하는 건 영등위가 아니라 관련 법이라는 말씀이다.

유치하다며 '초딩'도 야동을 안 보는 21세기에 선정성을 이유로 무슨 제한상영 판정이냐는 비판도 늘 따라다닌다. 마지막으로 사형 집행을 한 게 15년 전이다. 그래도 법원은 꾸준히 사형선고를 내린다. 형과 무관하게 죄질에 대한 판결은 필요하기 때문이다. 그러니까 영등위는 해당 영역에서 한 사회가 지켜야 하는 도덕적 기준의 상징인 셈이다.

영등위 1년 동안 역지사지 심정으로 많은 것을 깨달았다, 고 하면 거짓말이고 다만 확신하게 된 것은 시스템은 두드려 패는 가격加擊 대상이 아니라 풍자와 골계의 대상이라는 것이다. 문화와 예술의 힘은 거기 있다. 힘만 있고 머리는 없는 사람들이 제일 싫어하는 말이기도 하다.

글쓰기의 최상은
잘 베끼는 것

인용으로 시작해 인용으로 끝나는 글을 싫어한다. 인용의 거대한 무덤 같은 글을 보면 숨이 막힌다. '저절로 인용이 될 것이기에 가능하면 읽지 않으려고 애썼고 읽더라도 기억하지 않으려고 끄트머리엔 술을 마셨다'. 오래된 책 귀퉁이에 적힌 메모다. 예나 지금이나 명료한 글을 쓰지 못하는 한심함은 여전하여 논지가 헛갈린다. 술을 더 많이 마시기 위해 개발한 논리 같지는 않고 아마 하늘 아래 새로운 것은 반드시 있다는, 오로지 내 통찰만으로 세상을 표현하고 싶다는 욕심이 쓴 글 같다. 지금은 이런 무식한 생각 절대 안 한다. 현재의 소생이 생각하는 글쓰기의 최상은 독창이 아니라 잘 '베끼는' 것이다. 독창을 추구했더니 독毒과 창槍으로 돌아와 욕창이 생기도록 고생한 끝에 얻은 소중한 결과물이다.

베끼기를 제대로 보여준 인물은 셰익스피어다. 셰익스피어 하면 제일 먼저 떠오르는 《로미오와 줄리엣》은 7세기경 페르시아의 민담 '레일라와 메즈눈'을 '통째로' 가져다 쓴 것이다(기타리스트 에릭 클랩턴의 명곡 〈레일라〉가 바로 이 레일라다). 로미오와 줄리엣은 뮤지컬 〈웨스트사이드 스토리〉로 다시 태어난다. 〈웨스트사이드 스토리〉의 뮤직 비디오 버전이 마이클 잭슨의 〈빗 잇beat it〉이다. 시대와 장르를 바꿔가며 참 신나게들 베낀다. 하긴 둘은 사랑하는데 부모는 서로 싫어해, 하는 설정은 한 집 건너 있는 풍경이기는 하다. 즉 베끼는 일은 작가의 기량에 따라 걸작과 모조품으로 갈리는 것이지 그것 자체로 하자가 있는 창작 방법은 아니라는 말씀이다.

베끼기의 또 다른 방법은 잘 '엮는' 것이다. '영업 비밀'을 하나 털어놓자면 원고 청탁이 들어오면 일단 블로그와 카페를 검색한다. 열 개 정도면 청탁받은 소재에 관한 거의 모든 '정보'가 잡힌다. 소생이 하는 일은 이걸 죄 퍼온 다음에 중복과 근거 희박을 걷어내고 인물이나 사건 하나를 주인공 삼아 흐름을 재배치한 후 내 말투로 바꾸는 것이다. 딱 그게 전부로 짧으면 한나절, 길어야 사흘이다.

실은 이거 다산 정약용에게서 배운 거다. 다산은 유배 생활 18년 동안 책을 500권 썼다. 1년에 28권꼴인데 무협지도 아니고 이게 어떻게 가능할까. 다산의 책은 새로운 내용을 다루기보다 기존 책에서 정보를 뽑아 재배치한 것이 대부분이다. 읽다가 중요한 구절이 나오면 종이에 옮겨 적는 것을 초서抄書라고 하는데 다산은 읽는 틈틈이 이렇게 초서를 해두었다가 관련 있는 것끼리 모아 재배치한 다음 멋진 제목을 달고 마지막으로 저자 정약용이라고 써 넣었다. 읽기와 동시에 창작이 이루어지는 다산식 다산多産 비법이다. 유배지에서 아들에게 보낸 편지를 보면 "왜 남의 저서에서 요점을 뽑아내어 책을 만드는 방법을 의심하느냐." 질책하는 대목까지 나온다. 남의 것을 베끼는 것에 탁월했던 사람의 방식을 베낀 것이니 나중에 만나도 뭐라고 하지는 않을 것 같다.

'베끼기 위해 아침부터 저녁까지 읽었노라. 베껴 적은 것이 무슨 뜻인지 알기 위해 그 열 배의 시간을 썼으며 베낀 것 중 모르는 단어를 알기 위해 또 그만큼을 썼다. 이런 경로로 베끼고 나니 그 베낀 것이 베낀 것인지 애초부터 내가 생각한 것인지 구별이 되지 않았다'고 메모하여 책에 끼워두었다. 나중에 다시 보면 어떤 느낌일지 궁금하다. 그나저나 영업 비밀을 대대적으로 공개했으니 청탁 끊기면 어쩌나. 입 싼 놈 밥 굶기 십상이랬는데.

고맙습니다, 사숙 선생님들

사숙私淑이란 말을 아실 것이다. 스승을 찾아가 배우는 것이 아니라 감히 스승을 집으로 불러들여 공부하는 것을 말한다. 부자와 빈자貧者가 공통으로 취하는 공부법인 동시에 성적 불량으로 선생이 계신 학교에 진학하지 못했을 경우에 활용되기도 한다. 나이 들어 운이 좋아 사숙한 선생님들을 직접 뵙게 될 때만큼 기쁜 일이 또 없다. 안구와 지면의 만남으로 끝날 줄 알았던 인연이 현생에서 이어졌으니 아니 그럴 수가 없다.

그렇게 최근에 뵌 선생님이 두 분이다. 유종호 선생과 김화영 선생. 유종호 선생은 나이가 많지 않으셨을 때도 머리가 하얗게 세셨던 것으로 기억한다. 그런데 참 멋지다. 백발은 지혜의 상징이라고 시작하는 경구가 있다면 딱 선생을 두고 하는 말일 것이다. 선생의 책《문학이란 무엇인가》는 소생의 시야를 틔워준 그야말로 보물섬 지도 같은 책이다. 지금도 기억하는 것이 '마구잡이로 의역된 번역 시를 선호하고 그것을 모형으로 시를 쓴다는 것은 실패한 시인으로 성장하는 가장 확실한 길의 하나가 될 것이다'는 경구다. 덕분에 외국 번역 시를 독서 범위에서 화끈하게 제해 버릴 수 있었다. 그렇다고 영어 실력이 좋아 원문을 찾아 읽은 것도 아니어서 그 방면은 영원히 미개척 영역으로 남기는 했지만. '저항하지 않는 시인은 모두 단죄되어야 하며 저항한 시인은 모두 칭송받아야 하는가? 그러나 저항의 시인도 좋은 시를 써야 한다는 시인의 직업윤리로부터 자유로울 수는 없다'는 문장도 좋았다. 그게 없었다면 1980년대 숙성 미달의 민중시와 결별하는 것이 쉽지 않았을 것이다.

김화영 선생은 《프랑스 문학 산책》으로 불문학으로 들어가는 입구에서 손을 잡아 주신 분이다. 한번은 TV에서 문학에 대한 이야기를 들려주시던 중 '당신은 왜 문학을 하느냐'는 사회자의 질문에 태연히 이렇게 대꾸하셨다. "허영심 때문이죠." 댕~댕~댕~. 듣는 순간 머릿속에서 종소리가 울렸던 것 같다. 선생이 아니었다면 나는 왜 글을 쓰느냐는 질문에 아직도 골 비고 허황된 대답만 늘어놓고 있었을 것이다. 참 고맙고 소중한 분들이다(선생님 사랑해요, 잉잉).

갈래는 다르지만 역시 방향 못 잡고 헤매던 미욱한 머리를 깨우쳐 주신 분이 복거일 선생이다. 문화, 예술에서 정치, 경제, 과학까지 총체적으로 풍만하신 분이어서 사숙이 벅찰 지경이었다. 처음 강연을 들었던 때 어찌 생기신 분인가 궁금해 갔다가 막상 선생의 얼굴은 제대로 보지 못했다. 귀한 말씀이 내리쏟아지는 바람에 받아 적느라 바빠서.

병환으로 자주 뵙지 못해 아쉽던 차에 이달 24일 '정규재 TV'라는 방송에서 오프라인 미팅을 가진다는 반가운 소식을 들었다. 병세를 묻고 공허한 덕담을 건네는 것이 능사가 아니라는 것을, 피붙이를 암으로 잃어본 사람은 다 안다. 그보다 해야 할 것은 건강하실 때 좋은 추억을 많이 남기는 일이다. 선생을 좋아하는 분이 많이 오셨으면 좋겠다. 자리 이름이 '봄밤'이라고 했다. 봄도 아름답고 밤도 아름답고 문학도 아름답고 선생도 아름다울 것이다. 훗날 인명사전에 선생에 대한 설명을 달 기회가 주어진다면 망설이지 않고 그 첫 줄을 이렇게 쓰고 싶다. '복거일. 대한민국의 소설가, 사상가. (복)거일이라 쓰고 거인이라 읽는다.'

인생, 꼬임과 반전의 연속

머리를 박박 민 푸른 눈의 구도자가 낯설지 않은 세상이다. 그중 대표 한 분 꼽으려면 현각 스님이다. 일단 학력에서 한 번 세게 '먹어'준다. 프린스턴이나 예일도 좋다는 말 많이 하지만 아직도 한국 정서에는 '하버드'다. 이분 책 제목이 《만행, 하버드에서 화계사까지》다. 묘한 울림을 주며 슬슬 감동의 전주곡이 흘러나온다. '프린스턴에서 화계사까지'가 주지 못하는 감동(이 원리는 홍세화의 《나는 파리의 택시 운전사》를 '나는 런던의 택시 운전사'로 바꿔놓았을 때 주체가 사색하는 망명자에서 고단한 이주 노동자로 급격히 질이 떨어지는 현상과 유사하다).

현각 스님의 유년 시절로 가보자. 본명은 폴 뮌젠, 천재 소리를 들으며 정말 천재의 길을 걸었다. 예일 대학교에서는 철학을, 하버드 대학 신학대학원에서는 비교종교학 석사를 했다. 현각의 갈증은 진리였다. 항상 '진리를 알지니, 진리가 너희를 자유롭게 하리라'라는 성경 말씀을 화두로 달고 살았다. 현각의 갈증에 시원한 생명수를 던진 사람이 숭산 스님이다. 우연히 하버드에서 숭산 스님의 강의를 듣고 폴

뮌젠은 몇날 며칠의 고민 끝에 출가를 감행한다. 예수의 말씀을 사모한 끝에 진리를 찾아 스님이 되었다는 이 기막힌 역설. 인생은 이래서 부조리하고 그래서 흥미진진하다.

돌아보면 인생에서 계획만큼 무의미한 것도 없다. 뜻대로 되는 일이 하나도 없기 때문이다. 지난 일백 년 동안 일찌감치 인생의 계획을 세우고 그걸 달성한 사람은 김영삼 한 사람밖에 없다(학창 시절 책상 앞에 미래의 대통령 김영삼이라고 적어놓았다고 한다). 정주영은 지금의 현대자동차를 꿈꾸지 않았다. 이건희는 현재의 삼성전자를 목표로 하지 않았다. 머지않은 미래에 인터넷이란 게 등장할 것이고 그러면 사람들은 저마다 손에 컴퓨터를 들고 다닌다, 같은 설정이 가능했을 리가 없지 않은가. 그저 시간이 지나다 보니 주변의 상황이 변하고 변한 끝에 그렇게 되었을 뿐이다.

물론 어떤 목표나 계획을 세우기는 했을 것이다. 그러나 구체적이지는 않았을 것이고 설령 그랬다 하더라도 그대로 이루어지지도 않았을 것이다. 5·16 군사혁명 직후 박정희는 경제개발계획을 세워 미국에 보여줬다. 미국 관료들은 '거지들의 쇼핑 리스트'라며 쓰레기통에 던져버렸다. 그 경제개발 계획서를 본 적은 없지만 요약하자면 아마 이거였을 것이다. '잘살고 싶다.' 1960년대 대한민국은 그렇게 막연하고 불확실한 미래를 향해 무작정 달렸다. 그 결과가 지금의 대한민국이다. 그래서 희망보다 중요한 게 욕망이다. 희망은 상처받기 쉬우며 그래서 가끔은 절망보다 더 나쁘다. 욕망은 내가 포기하지 않는 한 결코 남이 훼손할 수 없다.

해서 계획보다 중요한 건 때마다 최선을 다하는 거다. 가진 정보를 총동원해 길이 보이는 방향으로 달려가는 거다. 그리고 그 앞에 기다리는 것은 사다리 타기와 같은 예측 불가능한 꼬임과 반전이다. 막혔는가. 그럼 또 다른 길로 최선을 다하면 된다. '인생은 문제 해결의 연속이다.' 칼 포퍼의 책 제목인데 들어본 말 중 나쁘지 않은 조언이다. 조금 바꿔보자면 '인생은 문제 발생의 연속이다'가 되겠다.

가끔 면담을 신청하는 학생들이 있다. 일종의 인생 상담인데 이때 중요한 건 해결해 주는 게 아니라 끝까지 들어주는 것이다. 한마디 하기는 한다. 나는 아직 인생 상담을 해줄 나이가 되지 않았고 너는 아직 인생 상담을 받을 나이가 되지 않았다고. 그리고 인생에 상담 같은 게 왜 필요하니. 그냥 사는 거지. 매일매일 최선을 다하면서.